천상의 위계

* 이 작업은 2009년도 정부(교육인적자원부)의 재원으로 학술진흥재단의 지원을 받아 수행된 연구임(KRF-353-2006-1-A00060)

천상의 위계

6세기 동방의 한 신학자가
하늘의 천사들의 위계를 정리해서
인간이 **하나님께 이르는 길을 알려준 책**

위-디오니시우스
지음

김재현
서론쓰고, 번역하고

KIATS

글의 순서

서론 7

본문 23

주요개념 130

참고문헌 141

위-디오니시우스의 《천상의 위계》, 그리고 중세 기독교의 천사론

천사들 이야기

아브라함과 소금기둥으로 변한 롯의 아내이야기에서 예수의 탄생이야기에 이르기까지 천사는 기독교 역사에서 빈번하게 등장한다. 영지주의靈智主義의 대표적인 작품 《나그하마디 Nag Hammadi》뿐만 아니라, 오리게누스 Origenus와 히에로니무스Hieronymus를 비롯한 초대교부들의 작품에서도 천사들에 대한 논의는 적지 않게 등장한다.

천사들이 주는 매력은 중세 기독교인들 사이에서도 줄어들지 않았다. 천사들의 이미지는 스테인드글래스와 조각, 벽화와 모자이크 속에서 온갖 군상들을 매료시키고 기독교 신앙을 고취시켰다. 성인들만큼이나 큰 영적 능력을 지녔다고 간주된 수호천사들이 순례자들의 여정에 종종 등장하였다. 로마의 종교-정치적 수장으로 중세 기독교시대를 본격적으로 시작한 그레고리우스 1세Gregorius I에서 롬바르드의 삐에르Pierre Lombard와 단테Alighieri Dante에 이르기까지 천사들은 이론적이고 실천적인 면에서 중세 기독교와 함께 했다. 종교개혁 이후 개신교의 후예들 사이에서는 환호를 받지 못했지만, 가톨릭 교회에서 천사들은 여전히 중요한 자리를 차지해 왔다. 이러한 기독교 역사, 특히 중세 천 년의 역사에서 천사에 대한 가장 권위 있는 이론을 제시한 사람은 다름 아닌 위-디오니시우스Pseudo-Dionysius(아래부터는 디오니시우스라 표기)이다.

디오니시우스와 그의 저작

디오니시우스는 아우구스티누스Augustinus와 함께 중세 기독교 사상 전반에 가장 큰 영향력을 미쳤다. 중세 신학과 철학, 특별히 '상징과 신비신학'에 큰 영향을 미친 디오니시우스의 이름은 532년 콘스탄티노플 회의에서 역사상 처음으로 등장한다. 그는 원래 사도행전 17장 34절에서 바울의 설교를 듣고 기독교로 개종한 아테네 사람 디오니시우스라고 간주되었다. 중세시대에 그가 누린 놀라운 인기와 권위에도 불구하고 사도행전에 나온 디오니시우스Dionysius가 실제 어떤 인물이었는지, 어떻게 그가 우리가 다루고 있는 6세기의 위-디오니시우스와 동일시 되었는지, 우리는 거의 알지 못한다. 스스로 바울과 히에로테우스Hierotheus의 제자라고 주장한 디오니시우스는 다섯 권의 작품을 남겼고, 그 작품들은 인문주의와 종교 개혁시기까지 절대적인 사도적 권위를 가졌다. 다만, 우리는 현재의 학문적 논의를 통해 그가 프로클루스Proclus의 철학과 갑바도기아Cappadocia 신학에 깊은 영향을 받은 6세기의 시리아 수사였을 것으로 추정한다.

디오니시우스는 다음과 같은 다섯 편의 작품을 남겼다: 《천상의 위계 De caelesti Ierarchia/Celestial Hierarchy》, 《교회의 위계 De ecclesiastica Ierarchia/Ecclesiastical Hierarchy》, 《신의 이름들 De divinis nominibus/Divine Names》, 《신비주의 신학 De mystica Theologia/Mystical Theology》, 그리고 10편의 "편지들"Epitolae/Letters. 이 작품들은 PGPatrologia Graecae에 실린 200개의 칼럼(3권, 119B-1120A)에 지나

지 않는 짧은 작품들이다. 작품의 제목들이 시사하듯, 각각의 책들이 다루는 주제를 짐작하는 것은 어렵지 않다. 학자들은 그의 작품을 담고 있는 다양한 사본들 중에서 BNP Gr. 437^{Bibliotheque nationale de Paris, Greek 437}을 가장 믿을 만한 자료로 간주한다. 신뢰할 만한 그리스어 편집본으로는 《코르푸스 디오니시아쿰 Corpus Dionysiacum》이 있으며, 영어 편집본으로는 *Pseudo-Dionysius: The Complete Works* (New York: Paulist Press, 1987)가 있다. 그의 책은 중세 초기부터 6세기 팔레스타인의 스키토폴리스^{Scythopolis}, 9세기 카롤링거 왕조의 궁정신학자 에리우제나^{Eriugena}, 13세기의 토마스 아퀴나스^{Thomas Aquinas}, 그리고 14세기의 제르송^{Jean Gerson} 같은 수많은 신학자들의 번역과 주석서들을 통해 계속해서 후대에 영향을 미쳤다.

《천상의 위계》: 내용과 중요개념

《천상의 위계》는 성경에 등장하는 각종 천사들을 아홉 종류로 정리하고 이에 대하여 신학적이고 체계적인 해석을 부여한 디오니시우스의 대표적인 책이다. 특히

이 책의 1-3장은 디오니시우스 사상 전체의 근간이 되는 신학적 개념을 논하고 있다. 예를 들어, 그가 중요하게 사용한 상징, 긍정신학과 부정신학, 위계, 발현과 회귀, 은폐성, 단순성과 다수성 같은 개념들을 구체적으로 논하고 있다.

《천상의 위계》는 중세 천사론과 교회 내부의 위계, 그리고 봉건적 사회조직의 형성에 큰 영향을 미쳤다. 그럼에도 불구하고 이 책을 제대로 이해하는 것은 쉽지 않은데, 그 까닭은 무엇보다 내용이 난해하고, 그가 직접 고안한 신조어들이 빈번하게 등장하고, 신-플라톤주의자들의 철학적 개념을 동방과 서방 기독교를 넘나드는 신학적 맥락에서 다양하게 구사하고 있기 때문이다.

총 15개의 장으로 이루어진 《천상의 위계》는 다음과 같이 크게 세 가지로 분류될 수 있다: 서론, 천사의 위계에 대한 설명, 구체적인 질문들. 아래 제시한 목차들이 독자들의 이해를 도와줄 것이다.

[서론]
1장: 《천상의 위계》에 대한 전체적인 서론
2장: 천상의 존재들은 비유사적 상징을 통해 적절하게 계시된다.
3장: 위계란 무엇이고, 그 유익은 무엇인가?

[천상의 위계에 대한 설명]
4장: '천사'라는 명칭의 의미
5장: 천사들은 왜 공통적으로 '천사'라고 불리는가?
6장: 첫 번째, 두 번째, 세 번째 서열에 속한 존재들은 무엇인가?
7장: 첫 번째 위계에 속한 천사들 – 치품천사Seraphim, 지품천사 Cherubim, 좌품천사Thrones
8장: 두 번째 위계에 속한 천사들 – 주품천사Dominions, 능력천사 Powers, 권세천사Authorities
9장: 세 번째 위계의 천한 천사들 – 권품천사Principalities, 대천사 Archangels, 천사Angels
10장: 천사들의 일치에 대한 반복과 결론

[구체적인 질문들]
11장: 천상의 존재들은 왜 모두 '천상의 능력들'이라 불리는가?
12장: 인간 성직자들이 왜 '천사들'이라고 불리는가?
13장: 선지자 이사야는 왜 세라핌에 의해 정화되었는가?
14장: 천사들의 전통적인 숫자가 의미하는 것은 무엇인가?

[천사에 대한 성서적인 묘사들]
15장: 천사에 대한 다양한 묘사들

발현과 회귀

《천상의 위계》뿐만 아니라, 디오니시우스 전집을 통

해 나타나는 가장 중요한 개념 중의 하나는 '발현과 회귀'이다. 중세 스콜라 사상가들에 의해 조직신학적 기독교 연구가 본격적으로 진행되기 전에 창조, 구속, 종말론과 같은 기독교의 중심 주제는 '발현과 회귀' 같은 신학적 틀을 통해 전개되었다. '발현'發現을 뜻하는 '프로케시오'processio는 창조를 통한 세계의 전개 과정으로 하나님으로부터의 만물에 이르는 구분, 증가, 그리고 다양화를 일컫는다. 반면 '회귀'回歸를 의미하는 '레디투스'reditus는 구속과 종말을 통해 '근원으로 올라가는' 또는 '들어올려지는'이라는 뜻을 가지고 있다. "이는 만물이 주에게서 나오고 주로 말미암고 주에게로 돌아감이라"(롬 11:36)는 바울의 고전적 설명에서 시작된 발현과 회귀개념이 갑바도기아 신학자와 신-플라톤주의자들에 의해 보다 정교하게 발전되었다. 디오니시우스는 바로 이 개념을 기독교 사상에 밀도 있게 적용시켰다.

위계

《천상의 위계》 3장에서 깊이 있게 다룬 '위계'位階, hierarch 개념은 디오니시우스가 독창적으로 만든 사상적 개념으로 중세 기독교에 확고한 발자국을 남겼다. 그에 의하면 위계는 '거룩한 질서, 신적인 것에 가능한 한 가깝게 접근하는 행위이며 이해의 상태'를 뜻한다. 위계의 모든 목적은 신을 본받고, 신에게 피조물을 순응시키고 일치시키는 것이다. 그리고 신을 본받는 과정은 정화淨化, 조명照明, 완전完全함을 통해 이루어진다. 《천상의 위계》와 《교회의 위계》는 천상의 가장 높은 단계부터 교회 내의 가장 초보적인 직분에 이르는 위계들의 역할과 기능, 그리고 그 연결고리를 보여준다. 특히 여기서는 아홉 가지 종류의 천사들을 세 종류씩 한 묶음으로 엮어 세 계층으로 분류했으며, 각 계층마다 권위와 계시, 실존의 차원에서 각 위계가 갖는 상징적이고 신학적인 해석을 제공했다. 이러한 해석은 명확한 위계에 근간을 두고 있는 중세사회에까지 큰 영향을 미쳤다.

천상의 존재들의 역할과 성경적인 묘사

디오니시우스는 서론에 해당하는 1장에서 3장까지는 중요개념과 사상적 방법론을 논한 후, 4장부터 10장까지는 천사의 종류와 기능, 그리고 그 신학적 의미를 설명했다. 가장 높은 단계에는 하나님 바로 옆에서 영원히 그분을 찬양하는 '세라핌'이 있고, 여러 단계를 거쳐 마지막에는 인간들의 위계와 접해 있으면서 가장 낮은 단계에 속한 '천사'가 있다. 아홉 가지 종류의 다른 천상의 존재들은 세 종류씩 한 집단을 형성하면서, 빛과 원초적 근본이 되는 하나님에 대한 지식과 이해를 이어지는 다른 계층에 전달해 준다. 11장부터 14장까지는 천사와 관련된 흥미로운 주제들을 논하고 있다. 특히 13장의 경우는 이사야 6장에 기초해, 왜 인간에게 소식을 전달하는 역할을 맡은 천사가 아닌 상위 계층의 세라핌이 직접 이사야에게 소식을 전달했다고 기록되어 있는지에 대한 해석을 제시하고 있다. 마지막 15장에서는 성경에서 천상의 존재들을 묘사하는 다양한 표현들에 대한 설명을 제시해 주었다.

유산과 명상적 독법

6세기에 혜성처럼 등장한 디오니시우스와 그의 저작은 중세 기독교에 적지 않은 영향을 미쳤다. 특히, 《천상의 위계》는 중세의 천사론뿐만 아니라 신학과 정치, 사회에 결정적인 영향을 미쳤다. 9세기 신학자 에리우제나는 《천상의 위계》에 대한 번역과 주석을 통해 중세 스콜라사상이 태동하는 전기를 마련해 주었다. 단테를 포함한 에라스무스 같은 초기 인문주의자들이 비평적 신학방법론을 주장하기 전까지 디오니시우스의 천사론은 아퀴나스의 '작고 뾰족한 바늘귀 위'에서도 중세 기독교 사회와 신학에 막대한 영향을 미쳤다.

그러면 오늘날 우리는 디오니시우스의 글을 어떻게 읽고 받아들일 것인가? 물론 중세 봉건시대 신분구조와 교황의 절대적 권위를 비롯한 교회 내의 계층적 신분구조를 정당화했던 '위계'에 대한 디오니시우스의 논리를 오늘날 그대로 받아들인다는 것은 불가능하다. 또한 성경 이곳 저곳에 나오는 천사들에 대한 이 같은 논리 정연한 설명을 오늘날의 신앙인들은 어떻게 받아들일 것인가 하는 문제도 제기될 수 있다. 그러나 디오니시우스는 그의 이론을 실제적으로 삶에 적용하기보다는, 기독교 신학의 핵심적인 개념을 정리하는 데 일차적 관심을 두었다.

이런 맥락에서 자신의 전체 사상의 도입부 역할을 하는 이 책에서 그가 제시한 핵심적인 신학적 개념을 이해하는 것이 가장 중요하다. 그리고 천사들의 우선적 역할은 빛과 원초적인 근원이 되는 하나님의 속성을 이어지는 계층에 정확하게 전달하는 것이었다. 하나님에게 모든 설명의 주안점을 두었다는 것은 인간 위주의 세속화된 현대 기독교에 하나의 도전을 던져 줄 것이다. 그리고 긍정肯定과 부정신학否定神學에 기초한 신에 대한 인식은 논리와 학문에 기초한 현대 신학이해에 적지 않은 자극을 줄 것이다. 어린 시절 한가위에 뜬 달 속에서 절구질하던 토끼를 볼 수 있었던 것처럼, 독자들은 이 책을 통해 메마른 이론적 신앙생활과 신학연구에 촉촉한 감수성과 멋과 맛을 재발견할 수 있을 것이다.

번역판본

이 책의 번역과 중요 개념설명은 1999–2003년에 본인과 로렘(Paul Rorem)이 프린스턴 신학대학에서 진행한 공동연구를 반영하고 있다. 《천상의 위계》에 대한 믿을 만한 최근 비평 본은 1943년부터 나오기 시작했다: M. Gandillac, *Oeuvres complètes du Pseudo-Denys l'Aréopagite / Traduction, préface et nots par Maurice de Gandillac*. Paris : Aubier, Éditions Montaigne, 1943 (Sources

Chretiennes 58). 우리는 번역과 연구에 있어 BNP Gr. 437 (Bibliothèque nationale de Paris, Greek 437); *Corpus Dionysiacum I & II* (Pseudo-Dionysius Areopagita; herausgegeben von Beate Regina Suchla; Berlin; New York: de Gruyter, 1990–1991); *Corpus Dionysiacum and Dionysiaca* (collation of Latin Translation of Corpus Dionysiacum, Philippe Chevallier, ed. (Bruges, 1937–1950, Stuttgart, 1989); *Pseudo-Dionysius: The Complete Works* (New York: Paulist Press, 1987)를 참조했다. 또한 미국 Hill Monastic Manuscript Library에 소장된 10–15세기에 만들어진 10여 개의 라틴 사본들을 참조했다.

* 일러두기

1. [ ] 안에 글은 독자들의 작품 이해를 돕기 위해 번역자가 추가한 것이다.
2. 중요한 개념들을 쉽게 이해할 수 있도록 한자, 영어, 라틴어, 성경구절을 간략하게 추가했다.

천상의 위계

《천상의 위계》에 대한 전체적인 서론

장로 디오니시우스가 동료-장로 디모데에게: 모든 신적인 계몽啓蒙, divina illuminatio이 그 자체의 선함으로부터 수혜자들을 향하여 다양한 방법으로 전개된다고 할지라도, 신적인 계몽은 그 자체로서 단순하게 남아 있을 뿐만 아니라, 또한 그것이 계몽하는 자들을 통합한다.

1. "모든 선한 증여贈與와 모든 완전한 선물들은 천상에서 비롯되고 빛들의 아버지로부터 아래로 내려온다"(약 1:17). 그러나 거기에는 그 이상의 어떤 것이 있다. 빛의 모든 전개(발현) processio는 아버지에 의해 영감을 받아 우리를 향하여 풍성하게 스스로를 펼치고, 또한 통합시키는 그 능력

23

안에서 우리를 들어 올림으로써 우리를 각성시킨다. 그것은 우리를 하나됨으로 되돌아가게 하고, 우리를 모아들이는 아버지의 신화神化하는 단순성에로 다시 돌아가게 한다. 왜냐하면 거룩한 말씀이 증언하듯이 "모든 것이 그로부터 나와서 그에게로 가기 때문이다"(롬 11:36).

2. 그러면 아버지의 빛이고, "세상으로 나오는 모든 사람을 밝혀 주는 참된 빛"이요(요 1:9), "그를 통해" 우리가 아버지에게 "접근할 수 있는"(롬 5:2), 모든 빛의 근원이 되는 빛인 예수께 간청하자. 우리의 능력이 닿는 한, 우리는 아버지로부터 전해져 거룩한 성경을 통해 오는 계몽을 향해 우리의 눈을 들어 올려야 한다. 그리고 할 수 있는 최대한, 우리는 하늘의 영적인 위계들을 보아야만 하고, 또한 성경이 상징적이고 고양高揚시키는 방법으로 우리에게 계시해 주는 바에 일치하는 방식으로 보아야만 한다. 우리는 우리 영혼의 비물질적이고 변하지 않는 눈길을 그 쏟아져 내려오는 빛을 향해 들어올려야 하는데, 그 빛은 너무나도 근원적이고, 진정으로 훨씬 더 그러하며, 신성神性의 원천, 즉 아버지로부터 내려온다. 이것은 대표적인 상징들을 통해 천사들 간에 존재하는 가장 축

복 받은 위계들을 우리에게 알려주는 빛이다. 그러나 우리는 빛 그 자체의 단순한 광선에 다가가기 위해 이처럼 쏟아져 내려오는 조명照明으로부터 일어설 필요가 있다.

물론 이 광선은 그 자신의 고유한 본질이나, 또는 그 자신의 내적인 통일성을 결코 버리지 않는다. 그것은 당연히 다양성을 향해 스스로 외부로 나아가고, 그 자신의 풍부함에 걸맞게 스스로를 자기 자신 밖으로 전개해 간다. 그렇게 함으로써 이 광선은 그것이 가진 섭리적 책임감에 의해 그 자신에게 부여된 존재들을 위로 들어올리고ad anagogicam 통일시킨다. 그럼에도 불구하고 그것은 본질적으로 안정적인 상태로 남아 있으며, 그 자신의 불변하는 정체성과 영원토록 하나가 된다. 그리고 그것은 피조물들에게 그들이 할 수 있는 한, 그 자신 [즉, 빛]을 향해 일어설 수 있는 힘을 부여하고, 그 자신의 단순화된 통일성을 매개로 해서 그들을 통합시킨다. 그러나 이 같은 신의 광선은 아버지의 섭리가 인간으로서의 우리 본성에 적합하도록 고안하신 다양한 형태를 가진 성스러운 베일들 안에 고양적인 방법으로 감추어짐으로써만 우리를 비출 수 있다.

3. 이 모든 것은 성스러운 제도와 완벽함의 근원이 우리의 가장 경건한 위계를 만들었다는 사실을 설명한다. 그분은 하늘의 위계들을 모델로 해서 우리의 위계를 만들었고, 우리의 본성에 적절한 방법으로 우리가 가장 공경할 만한 이미지들로부터 단순하고 말로 표현할 수 없는 해석들과 동화同化들로 들어 올려지도록 하기 위해서 이러한 비물질적인 위계들을 수많은 물질적인 형상들과 형태들로 옷 입혔다. 왜냐하면 우리의 본질이 필요로 할 때 우리를 인도할 능력이 있는 그러한 물질적인 수단의 도움을 받지 않고, 어떠한 비물질적인 방법을 통해서 천상의 위계들을 본받거나 명상하기 위해 일어서는 것은 거의 불가능하기 때문이다. 그러므로 생각하는 사람이라면 누구나 아름다움이 외양은 보이지 않는 사랑스러움의 징표라는 것을 깨닫는다. 감각기관을 자극하는 아름다운 향기들은 개념적인 발산의 표상들이다. 물질적인 빛들은 비물질적인 빛의 선물이 쏟아져 내리는 것에 대한 이미지들이다. 거룩한 제자도의 순전함은 영혼의 광대한 명상적 능력을 나타낸다. 여기 아래 [세상의] 질서나 위계는 신의 영역을 향한 조화로운 배열을 상징한다. 가장 성스러운 성찬聖餐, Eucharistia를 받는 것은 예수께 참

여하는 것에 대한 상징이다. 그리고 이것은 또한 천상의 존재들에 의해 초월적으로 부여받은 모든 선물들, 상징적인 양태 안에서 우리에게 수여된 선물들에게도 해당된다.

　영적인 완벽함의 근원은 이처럼 천상의 존재들에 대해 감지할 수 있는 이미지들을 제공해 준다. 하나님은 우리에 대한 관심 때문에, 그리고 우리가 신과 같이 되는 것을 원했기 때문에 그렇게 하셨다. 그분은 우리에게 알려진 천상의 위계들을 만드셨다. 그분은 동화를 통해서 우리 자신의 위계를 인간적으로 실행 가능한 범위, 즉 거룩한 사제의 직분까지 이러한 거룩한 위계들에 도움이 되는 동반자들로 만드셨다. 그분은 우리를 영적으로 감지할 수 있는 것을 통해 개념적인 것까지, 거룩한 형태와 상징들을 통해 하늘의 위계들의 정상까지 들어 올리기 위해서 이 모든 것을 성서의 거룩한 그림들을 통해 우리에게 알려주셨다.

신적이고 천상적인 것들은 비유사적 상징들을 통해서도 적절하게 계시된다.

1. 내가 생각하는 첫 번째 일은 모든 위계의 목적을 적어 두고, 그리고 이것이 그 구성원들에게 어떻게 도움이 되는지를 보여주는 것이다. 그리고 나서 성경이 우리에게 계시해 준 것을 따라서 찬양하는 노래를 천상의 위계들에게 올려 드려야 한다. 나는 성경이 이러한 천상의 위계들에게 부여한 거룩한 형태들을 묘사해야만 하는데, 인간이 그러한 형태들을 통해 거기에 있는 것이 지닌 철저한 단순성에까지 들어 올려져야 하기 때문이다.

정신 나간 사람들이 하는 것과 같이, 우리는 이러한 천상적이고 존엄한 영적 존재들이 실질적으로 많은 다리와 얼굴들을 가진 것처럼 세상적인 방식으로 그려낼 수는 없다. 그들은 황소의 난폭성을 닮거나 사자의 야수성을 보여주도록 창조되지 않았다. 그들은 독수리의 구부러진 부리라든가 새들의 날개나 깃털을 가지고 있지 않다(겔 1:10). 우리는 하늘에서 돌고 있는 타오르는 바퀴들(단 7:9), 신성을 영접하기 위해 준비된 물질적인 보좌들(단 7:9; 계 4:2), 다양한 색깔을 가진 말들(슥 1:8, 6:2; 계 6:1-9), 창을 가지고 다니는 장교들(수 5:13), 또는 성경에 나타난 온갖 종류의 계시적인 상징들이나, 혹은 우리에게 전해내려 온 그러한 형태들 중에서 그 어떤 것도 취해서는 안 된다. 하나님의 말씀은 형태가 없는 영적 존재들을 논할 때 시적인 이미지를 사용하는데, 내가 이미 언급했듯이, 그것은 예술적인 목적에서가 아니고, 다만 우리 인간 마음의 본질에 적합하게 하기 위한 것이다. 하나님의 말씀은 우리의 마음을 우리 본성에 적절한 방법으로 들어 올리기 위해서 처음부터 우리들을 위해 제공된 하나의 방법인 고양하는 방법으로 성경 구절들을 사용한다.

2. 이러한 그림들은 단순한 존재들과 관련되기 때문에 우리는 그것들을 알지도 못하고 명상하지도 못한다. 그

러므로 만약 어떤 사람이 이러한 영적 존재들을 위한 성경적인 이미지가 일치하지 않고, 또한 천사들에게 주어진 이름들이 거짓이라는 부적절한 점을 가지고 있다고 생각한다면 어떠하겠는가? 정말로 논의해야 하는 것은 만약 신학자들이 순전히 비물질적인 것에 물질적인 형태를 부여하기를 원한다면, 그들은 보다 적절하고 관련이 있는 방식에 의존했어야 한다는 것, 그리고 가장 세상적인 형태들이 가진 다수성에 기초하거나, 또는 이것들을 철저하게 단순하고 천상에 있는 신과 같은 실제들에 적응시키는 대신 우리가 가장 숭고하고, 비물질적이고, 초월적인 존재들일 것이라 간주하는 것들에서 시작했어야 한다는 것이다. 아마도 성경적 이미지는 우리들을 위로 들어 올리고, 그리고 천상적인 형체들을 일치하지 않는 비유사적인 것들로 끌어내리지 않으려고 의도할 것이다. 그러나 사실 성경적 이미지들은 정당하지 않게 신적인 능력을 경시하고, 또한 그것을 세상적인 구성물들 속에 섞이게 함으로써 우리의 마음을 잘못 이끈다. 그때 우리는 위에 있는 하늘이 진정으로 한 무리의 사자들과 말들로 가득 차 있고, 그 신성한 찬양은 사실 소가 우는 커다란 소리이고, 그리고 새 떼들이 거기에서 날개를 치거나 또는 사방에 다른 종류의 피조물들, 혹은 심지어 보다 영예스럽지 못한 물질적인 것들이 있다거나, 계시를 보여주는 성경이 지닌 완벽하게 비유사적인 유사성을 어리석고, 허위적이고, 또한 감정적인 경향의 것으로 묘사하고 있는 어떤 것으로 상상하기 쉽다.

그러나 만약 우리가 문제의 진실을 바라다보게 된다면, 성경의 거룩한 지혜는 명확해진다. 왜냐하면 천상의 영적 존재들이 형태를 가진 것으로 제시될 때, 누군가 말했던 것처럼, 신적인 능력들에 대해 그 어떤 모욕도 가해지지 않도록 섭리를 통해 대단한 주의가 주어졌기 때문이다. 또한 우리 자신들 자체가 영적인 존재들에 관하여 저속하고 세속적인 차원을 갖는 이미지들에 열정적으로 의존하도록 창조되었기 때문이다.

형태가 없는 것을 위해 형태를 만들어 내는, 실제로는 형상이 없는 것에 형상을 부여하는 데에는 두 가지 이유가 있다. 첫째로 우리는 개념적인 명상들로 직접적으로 올려질 수 있는 능력이 부족하다. 우리는 자연스럽게 우리에게 오고, 그리고 우리 앞에서 놀랍고도 형태가 없는 광경이라는 허락된 형태들을 들어 올릴 수 있는 우리 자신의 고양을 필요로 한다. 둘째, 천상의 영적인 존재들에 대한 거룩하고 감추인 진리는 말로 표현할 수 없는 것과 거룩한 것을 통해 숨겨진, 또한 일반인들이 접근할 수 없는 성경의 신비스러운 구절들에 가장 잘 맞기 때문이다. 모든 존재가 성스러운 것이 아니며, 그리고 성경이 말하고 있듯이 지식은 모두에게 해당되는 것이 아니다(고전 8:7).

성경적 이미지가 갖는 비일치성이나 신적이거나 거룩한 계층을 표현하기 위해 비천한 형태를 사용하는 부적절함에 관해 말하자면, 이것은 거룩한 계시가 두 가지 방법으로 작용한다고 대답해야 하는 자들에 대한 비난이다.

3. 그 두 가지 방법 중 하나는 '유사한 것'은 '유사한 것'을 나타내는 거룩한 이미지를 통해 자연스럽게 나아옴에 의해 그렇게 하며, 다른 하나는 비유사적이거나 전혀 적절하지도 않고, 또는 어리석은 형태들을 사용함으로 그렇게 한다. 때로 성경의 신비스러운 전통은 '말씀', '영', 그리고 '존재'라는 형태 아래서 초월적인 신성의 거룩한 복을 나타낸다. 전통은 그런 형태에 의해 합리성과 지혜가 필연적으로 신의 속성이고, 그가 참된 존재요, 모

든 존재의 참된 원인으로 여겨지며, 또한 그가 빛으로 나타내지고, 생명으로 묘사된다는 것을 보여준다(요 1:1). 이제 이러한 거룩한 형태들은 확실히 더 큰 경외를 보여주고, 그리고 세상으로부터 만들어진 이미지보다 엄청나게 더 우수한 것처럼 보인다. 그럼에도 불구하고 실제로 그것들은 그 후자들만큼이나 결점이 많은데, 신성은 존재와 생명에 관한 모든 표현을 넘어서 존재하기 때문이다. 빛에 대한 어떤 언급도 그것을 특징적으로 말할 수 없다. 모든 이성과 지성은 신성과 전혀 유사하지 않다.

다음으로, 완전히 비유사적인 계시들 안에서 신성을 표현함으로써 신성을 찬양하는 성경적인 장치가 있다. 그분은 보이지 않고(골 1:15; 딤전 1:17; 히 11:27), 무한하고, 파악할 수 없고, 또한 그분이 무엇인가Quid est가 아니라 그분이 사실 무엇이 아닌지Quid non est를 보여주는 어떤 것들로 묘사된다. 이와 같이 두 번째 방법으로 그분에 관해 말하는 것이 나에게는 훨씬 더 적절하게 보이는데, 비밀스럽고 거룩한 전통이 가르쳐주었듯이 하나님은 결코 존재를 가지고 있는 사물들과 같지 않고, 그리고 우리는 그분의 이해할 수 없고 표현할 수 없는 초월성과 비가시성에 대하여 어떤 지식도 가지고 있지 않기 때문이다.

부정의 방법이 신적인 것들의 영역에 보다 적절하게 보이고, 긍정적 진술들이 말로 표현할 수 없는 것들이 갖는 은폐성에 항상 맞는 것이 아니므로, 비유사적 형태들을 통한 표현은 보이지 않는 것들에 보다 바르게 적용될 수 있다. 그래서 성경적인 기록들은 하늘의 계층들의 가치를 떨어트리기는커녕 하늘의 계층들을 진정으로 그것들의 존재를 완전히 모순되는 비유사적인 형태들로 묘사함으로써 그것들을 영화롭게 한다. 그 결과 우리는 우리로부터 그렇게 멀리 떨어진 그 계층들이 어떻게 모든 물질성을 초월하는지를 알게 된다. 더욱이 나는 그 누구도 우리의 마음을 영적인 차원으로 들어 올리는 데에 있어서 불일치들이 유사성들보다 더욱 적합하다는 사실을 거부할 것이라고는 믿지 않는다. 과장된 형태들은 사람들을 종종 잘못된 생각으로 이끌 수 있다. 가령, 어떤 이들은 천상의 존재들이 금으로 되어 있거나, 또는 어떠한 해도 끼치지 않는 화염을 발산해 내면서 빛나는 의복을 입고 있는 매혹적으로 번쩍이는 사람들이거나, 또는 하나님의 말씀이 그 천상의 영적 존재들을 만들 때부터 위와 같은 유사한 아름다움들로 그들을 창조했다고 생각할 수 있다(단 10:5). 경건한 신학자들이 그렇게 현명하고 고양시키는 방법으로 조화되지 않는 비유사적인 것들에 귀를 기울이는 것은 보이는 아름다움을 넘어설 수 없는 자들 사이에서 [발생할 수 있는] 이러한 종류의 오해를 피하기 위해서이다. 왜냐하면 그렇게 함으로써 물질적인 것을 지향하는 우리의 본질적인 경향성과 열등한 이미지들에 의해 더디게 만족하는 우리의 자발적 의지를 감안했기 때문이다. 동시에 그들은 위에 있는 것들을 갈망하는 우리 영혼의 어떤 부분이 고양되는 것을 가능하게 했다. 참으로 상징들이 가지는 철저한 우둔함이 하나의 자극물이 되어서, 결국 물질적으로 경도된 자들조차 천상의 거룩한 광경이 그러한 수치스러운 것들에 의해 전달될 수 있다는 것을, 또는 참된 것이라는 것을 받아들일 수 없게 한다. 그리고 또한 아름다움에 대한 그 자신의 몫이 부족한 것은 아무것도 없다는 것을 기억해야 하는데, 왜냐하면 성경이 바르게 말하고 있듯이 "모든 것은 선하기" 때문이다(창 1:31).

4. 그렇다면, 모든 것은 명상을 하는 데 있어 도움이 될 수 있다. 그리고 내가 이미 말해 온 세상으로부터 유추된 비유사적 유사성들은 이해가 가능한 존재나 지적인

존재들 모두에게 적용될 수 있다. 물론, 우리는 영적인 영역에서 전형적인 것과 감각적인 영역에서 전형적인 그것의 엄청난 차이를 기억해야 한다. 그리하여 지성이 부족한 자들 사이에서 화는 거칠고 맹렬하며 무분별한 충동인데 반해, 지성을 부여 받은 자들 사이에서 그것은 다른 어떤 것이며, 그 자체로 이해되어야 한다. 내가 믿기로 지적인 존재들에게 있어서 화는 그들 안에 있는 이성의 꾸준한 작업이며, 거룩하고 변화하지 않는 기초 안에서 견고하게 근거를 두어야 할 능력이다.

욕망에 있어서도 비슷하다. 이성이 결핍되어 있는 자들에게 그것은 물질적인 것에 대한 끝없는 욕망, 다시 말해 감각들이 환호하는 것은 무엇이든지 함께 머물기를 갈망하는 것에 익숙한 채, 부질없는 것들과 거하고 싶어 하는 고질적인 충동에서 기원하는 강력한 몰아침이다. 이제 비유사적 유사성을 영적인 존재들에게 적용한다면 우리는 그들도 욕망을 경험한다고 말한다. 그러나 그 욕망은 모든 이성과 모든 지성을 초월해 있는 비물질적인 실제에 대한 신성한 열망으로 해석되어야만 한다. 그것은 초월적 존재에 대한 선명하면서도 감정이 배제된 명상을 위한 강력하고 확실한 갈망이다. 그것은 흠이 없이 숭고한 빛, 선명하고 눈부신 아름다운 빛에 대한 영원하고 개념적이며 진실된 교제에 대한 열망이다. 이때 무절제함은 신적인 아름다움을 향한 순수하고 변하지 않는 열망과 모든 욕망의 실질적 대상에 대한 전적인 헌신 안에서 보여지는 실패하지 않고 변화하지 않는 힘이 될 것이다.

동물들과 물체들이 지성과 인식이 부족하다고 말하는 것은 사실 이성과 인식의 결함을 가리킨다. 그러나 우리가 비물질적이고 영적인 존재들에 대하여 이야기할 때 우리는 이성이나 인식이 거룩한 존재들에게 적합한 것처럼 말한다. 초월적인 존재들처럼 이성이나 인식은 우리의 추론적이고 육체적인 이성을 훨씬 능가하는데, 그것은 마치 물질적인 인식이 영적이고 육체가 없는 실체들보다 훨씬 아래 위치해 있는 것과 같다.

그래서 그때는 가장 낮은 물질에서 나온 그러한 형태들조차 천상의 존재들과 관련해서 부적절하지 않게 사용될 수 있다. 결국 물질은 절대적인 아름다움에 그의 존재를 빚지고 있고, 지상 계층의 전반에 걸쳐 영적인 아름다움에 대한 어느 정도의 반향을 유지한다. 물질을 사용함으로써 사람은 비물질적인 원형들로 올려질 수 있다. 물론, 앞에서 언급한 바와 같이 우리가 영적인 존재들과 감각적인 존재들 사이에 있는 커다란 차이를 기억해야 하듯이, 일대일 대응들을 피하기 위해서는, 그리고 적절한 조율을 만들어 내기 위해서는 유사적인 것들을 비유사적인 것들로 표현하는 데에 반드시 주의가 필요하다.

5. 우리는 신비적인 신학자들이 하늘의 계층들이 알려지도록 하기 위해서 뿐만 아니라, 하나님 그분 자신에 대하여 무엇인가를 밝히기 위해 이러한 것들을 사용한다는 것을 알게 될 것이다. 그들은 때로 가장 고양된 이미지들을 사용하는데, 예를 들어 그분을 의로운 태양(말 4:2), 마음 속에서 솟아나는 새벽 별(벧후 1:19), 밝고 개념적인 빛(요 1 1:5)이라 부른다. 때로 그들은 땅으로 내려오는 보다 중립적인 이미지들을 사용한다. 그들은 하나님을 파괴를 야기하지 않고 타오르는 불(출 3:2), 그리고 생명을 채우는 물, 말하자면 뱃속으로 들어가서 영원히 솟아나는 물줄기를 형성하는 물이라 부른다(요 7:38). 때로 그 이미지들은 가장 낮은 종류의 것들인데, 향기로운 냄새를 내는 향이나 주춧돌과 같은 것들이다(사 28:16). 혹 때로는 그 이미지를 동물들로부터도 끌어내기도 하는데, 이

때 하나님은 사자나, 퓨마, 표범, 또는 돌진하는 곰으로(사 31:4; 호 5:14, 13:7) 묘사된다. 우리는 이 모든 것 외에 가장 비속하고, 또 그 어떤 것에도 일치하지 않는 것처럼 보이는 것이 있다는 것을 기억해야 한다. 왜냐하면 하나님의 거룩함에 대하여 가장 잘 알고 있는 시편의 저자들이 그분에게 벌레(지렁이) vermis 의 형상을 입혔기 때문이다(시 22:6).

이러한 방법으로 은폐된 영감을 해설하는 하나님의 현자들은 '거룩한 것 중에서도 거룩한 것'을 불완전하거나 세속적인 영역에 있는 무언가에 의해 오염된 것으로부터 분리해 낸다. 그러므로 그들은 비유사적인 형태에 가치를 부여하여 신적인 존재들이 세속적인 존재들에게 접근하지 못하도록 남겨 놓으며, 거룩한 이미지를 보려는 진정한 소망을 가진 모든 자들이 그러한 모형들을 진짜로 여겨서 그런 모형에 집착하지 않게 한다. 그래서 진정한 부정否定들과 비유사적 비교들은 그것들이 갖는 희미한 반향들과 함께 신적인 존재들에 대하여 마땅한 경의를 표한다. 위에서 제시한 이유와 같이 바로 이런 이유 때문에 비유사적이고 일치하지 않는 유사성들을 가지고 천상의 존재들을 나타내는 것에 있어서 어리석은 것은 하나도 없다. 그리고 천사들에 관하여 성경이 사용한 기형적인 이미지들에 대해 내가 문제 제기를 받지 않았더라면, 이러한 어려움으로부터 성스러운 진리들에 대한 정확한 설명을 통해 위로 들어 올림이라는 현재의 연구를 하도록 자극받지 않았을 것이다. 내 마음은 그토록 불충분한 이미지에 만족할 수 없었고, 물질적인 외관의 이면을 보도록, 그리고 이 세상의 것이 아닌 들어 올려짐을 위해 외형들을 넘어서 올라가는 관념에 익숙해지도록 자극받았다.

그러나 거룩한 성경에서 발견된 천사들에 대한 이러한 물질적이고 일치하지 않는 이미지들에 대해서는 지금 이 정도면 충분하다. 지금 내가 해야만 하는 것은 위계가 의미하는 바를 설명하고, 그러한 위계가 그 구성원들에게 어떤 유익을 주는지 말해야만 한다. 그래서 위계에 관하여 알려져 왔던 것에 대한 영감을 특정한 방식으로 표현함에 있어서 나의 담론이 그리스도에 의해, 나의 그리스도에 의해 인도되기를 바란다. 그리고 여러분, 나의 자녀여, 당신들은 우리의 위계적인 전통의 권고를 따라야만 한다. 성스럽게 말해진 것들을 주의 깊게 듣고, 영감받은 것들로 입문하는 과정에서 그것들에 의해 고무되도록 하

라. 이러한 거룩한 진리들을 너의 은밀한 마음 안에 비밀로 간직하라. 속된 것이 갖는 다양성으로부터 그것들이 지닌 단일성을 잘 지켜야 하는데(딤전 6:20), 왜냐하면 성경이 말하듯이 순수하고 빛나고, 그리고 찬란한 조화를 갖는 그 개념적 진주를 돼지 앞에 던져서는 안 되기 때문이다(마 7:6).

3장
위계란 무엇이고, 그것의 유익은 무엇인가?

1. 내 의견에 위계란 거룩한 질서, 신적인 것에 가능한 한 가깝게 능동적으로 접근하는 행위이며 이해의 상태이다. 그리고 위계는 거룩한 방법으로 그것에 주어진 조명들에 비례하여 하나님을 닮도록 고양된 것이다. 그토록 단순하고, 선하고, 완벽함의 근원인 하나님의 아름다움은 비유사성에 의해 전혀 오염되지 않는다. 그것은 가치에 따라 모든 존재에게 빛의 몫을 수여하기 위해 퍼져 나가고, 그리고 완벽하게 된 자들 각자에게 조화와 평강 안에서 거룩한 성례를 통해 그 자신의 형태를 수여한다.

2. 그렇다면 위계의 목표는 존재들로 하여금 하나님과

가능한 한 비슷하게 되고, 그리고 그분과 하나가 되게 만드는 것이다. 위계는 모든 이해와 행동의 지도자로서 하나님을 소유한다. 그것은 하나님의 아름다움을 영원히 직접적으로 바라보고 있다. 위계는 그 자신 안에 하나님의 표지를 지닌다. 위계는 그의 구성원들로 하여금 모든 점에서 하나님의 이미지들이 되도록 하며, 또한 근원적 빛인 하나님 자신의 불꽃을 반영하는 맑고 흠이 없는 거울이 되도록 한다. 그것은 그 구성원들이 이처럼 충만하고 거룩한 찬란함을 받게 되었을 때, 그들이 이 빛을 풍성하게, 그리고 하나님의 뜻에 따라 훨씬 아래 있는 계층의 존재들에게 반드시 전달하게 만든다.

성스러운 사물들 속에서 그렇게 전수하는 자들이, 참으로 거룩하게 전수받은 자들에게 있어서와 같이, 궁극적으로 모든 완전함의 근원이 되시는 그분의 거룩한 질서들에 대항하여 어떤 것을 하거나 또는 존재한다는 것은 상당히 그릇된 것일 것이다. 특별히 그들 자신들이 하나님의 찬란함을 갈망한다든가, 그들이 각자의 거룩한 특성에 적합한 방법으로 이러한 찬란함을 영원히 응시하고 있다든가, 그리고 그들이 각자의 마음에 비례해서 순응하는 것이 바로 이러한 찬란함이라고 한다면, 이것은 잘못된 것이 확실하다.

 이러할진대, 만약 누가 위계에 대하여 이야기한다면, 그것이 의미하는 것은 어떤 완벽한 배열, 즉 위계에 대한 이해가 갖는 질서와 계층들 안에서 그 자신의 계몽의 신비들을 거룩한 방법으로 작동시키는, 그리고 허락되는 한 많이 그 자신의 근원에로 견주어지는 하나님의 아름다움에 대한 이미지이다. 이 위계에 속한 모든 구성원들에게 완벽함이란 바로 여기에 있는데, 왜냐하면 그것은 하나님을 본받기 위해 가능한 한 멀리 고양되고, 그리고 더 놀라운 것은 그것이 성경이 "하나님의 동역자들"이라고, 그리고 하나님 사역의 반영이라고 부르는 것이 되기 때문이다^(고전 3:9; 살전 3:2). 그러므로 위계적 질서가 어떤 이들에게는 자기 스스로가 정화되는 수단으로 작용하고, 다른 이들에게는 자신들이 다른 이들을 정화시키는 장치가 된다. 또 어떤 이들에게는 그 질서가 조명^{照明}, illuminatio을 받기 위한 수단이 되며, 다른 이들에게는 조명을 야기하기 위해, 그리고 어떤 이들에게는 완전하게 되기 위해, 다른 이들에게는 완전함을 가져오게 하기 위해 작용하는데, 그것이 가진 역할이 무엇이든지 간에 사실상 각 사람은 적절한 방법에 따라 하나님을 닮아가게 될 것이다.

우리 인간들이 하나님의 지복至福이라고 부르는 것은 비유사성에 의해 오염되지 않은 어떤 것이다. 그것은 연속적인 빛으로 가득 차 있고, 완전하며, 참으로 그 어떤 완전함도 결여하고 있지 않다. 그것은 정화하며, 비추며, 그리고 완전하게 한다. 또 오히려 그것은 그 자체가 정화, 조명, 그리고 완전함이다. 그것은 정화를 넘어서 존재하고, 빛을 넘어서 있으며, 완전함을 넘어서는 완전함의 바로 그 원천이다. 그것은 또한 모든 위계의 원인이며, 한편 모든 거룩한 것을 단연 능가한다.

3. 이제 정결하게 된 자들은 사실 완벽하게 오염되지 않아야 하고, 그들은 모든 비유사적인 오점으로부터 자유로워야 하는 것처럼 여겨진다. 나는 성스러운 조명을 받는 자들은 신적인 빛을 충만하게 받아야 하고, 그들 영의 거룩한 눈들 안에서 고양되어서 그 결과 온전히 명상에 참여할 수 있어야 한다고 생각한다. 나는 완전하게 된 자는 불완전함으로부터 분리되어 완전해진 이해를 가지고 성스러운 것들을 바라보는 자들의 무리에 들어가야 한다고 생각한다. 정결하게 되는 자들은 그들의 넘쳐 흐

르는 순수함을 타인들에게 주는 것이 또한 옳다. 비추임을 주는 자들은 그들의 영은 다른 사람들의 영보다 더 맑고, 충만하고 성스러운 광채로 인해 기쁨으로 가득 차 있고, 분명히 빛을 받을 수도 있고, 그리고 그들이 획득하는 것을 전달해 줄 수도 있는 그들의 넘쳐 흐르는 빛을 받을 만한 가치가 있는 자들 모두에게 확산시켜야만 하는 것이 또한 옳은 이치이다. 마지막으로, 완전함을 창출해 내는 일을 맡은 자들은, 완전하게 하는 수여授與, impartatio를 이해하는 자들과 같이 그렇게 숭배할 만하게 보이는 성스러운 사물들에 대한 이해를 향해 그들을 인도함으로써 그 완전함이 그들이 되고자 하는 그것이 되도록 하는 것이 마땅하다. 이렇게 하여 위계적인 계층에 있어서의 모든 질서는 하나님과의 협동을 향해 그것이 할 수 있는 최대한 위를 향해 들어 올려진다. 그것은 자연적으로 그리고 초자연적으로 은총과 하나님이 주신 능력에 의해 하나님에게 속한 일들을 수행한다. 다시 말해, 그 질서는 하나님에 의해 초월적으로 작동되고, 그리고 하나님을 사랑하는 영들이 모방할 수 있도록 하기 위해 위계 안에서 드러난다.

"천사"라는 명칭은 무엇을 의미하는가?

1. 나는 위계가 의미하는 것을 설명해 왔고, 따라서 이제 나는 천사들의 위계에 대하여 찬양의 노래를 올려 드려야 한다고 생각한다. 그리고 세상 너머로 보는 눈을 통해 성경에 의해 천사들의 위계에 부여된 성스러운 형태들을 바라보아야 한다. 이것은 우리가 그러한 신비스러운 표상들에 의해 그것들의 신적인 단순성에까지 고양될 수 있게 하기 위함이다. 그러할 때 비로소 우리는 하나님, 위계와 관련해서 우리가 이해하는 모든 것의 근원이신 그 하나님을 합당한 경배와 감사로써 영화롭게 할 것이다.

다른 모든 것 위에 한 가지 진리가 더 확언되어야 한

다. 그것은 초월적인 신성이 선함으로부터 모든 것의 존재를 확립했고, 그리고 그것을 존재하도록 만들었다는 것이다. 모든 것을 넘어선 이러한 선함에 의해서 모든 것을 가능한 정도까지 그분과의 친교로 부른 것은 만유의 원인이신 하나님의 특징이다. 그러므로 존재하는 모든 것은 어떠한 방법으로든 이러한 초월적인 신성, 즉 존재하는 모든 것의 기원자로부터 흘러나온 섭리에 참여한다. 참으로 그 어떤 것도 모든 것의 존재이자 원인인 그분과의 어떠한 나눔이 없이는 존재할 수 없다. 심지어 생명이 없는 존재들도 이 나눔에 참여하는데, 왜냐하면 이 근원은 모든 존재의 실재인 초월적인 신성이기 때문이다. 살아있는 모든 것은 그 자신들의 차원에서 생명을 주고, 모든 생명을 능가하는 그러한 힘 안에서 자신의 한 부분을 차지한다. 이성과 영을 부여받은 존재들은 그러한 절대적으로 완전한, 모든 이성과 모든 영을 능가하는 근원적으로 완전한 지혜 안에서 제 몫을 갖는다. 그리고 분명히 이러한 후자들이 하나님에게 보다 가까운데, 왜냐하면 그분에 대한 그들의 참여가 실로 많은 형태를 취하기 때문이다.

2. 비이성적인 생명의 형태와 우리 자신의 이성적인 본성들을 비교할 때, 단순히 존재하는 것들, 즉 천상의 존재들로 이루어진 거룩한 계층들은 그들이 하나님의 증여로 받은 그것보다 명백히 뛰어나다. 그들이 사유하는 과정들은 신성을 본받는다. 그들은 초월적인 눈을 가지고 신적인 유사성을 향해 있다. 그들은 그들의 영에 있어서 하나님을 본으로 삼는다. 그리하여 그들은 신성과 보다 풍성한 친교로 들어가는 것이 자연스럽다. 왜냐하면 그들은 높음을 향해 영원히 행진해 가고, 허락되었듯이 하나님을 향하여 다함이 없는 사랑에 전념하도록 이끌리기 때문이다. 또한 그들은 원래의 깨우침의 빛을 비물질적으로, 그리고 희석시키지 않은 채로 받아들이고, 그들의 존재는 그러한 계몽에 의해 질서지어진 전적인 영의 삶이기 때문이다. 그들은 가장 탁월하고 다양하게 신성에 참여하고 있고, 이에 따라 그들은 가장 탁월하게 신적인 은밀함이 갖고 있는 다양한 계시들을 제공한다. 이러한 것이 그들이 왜 천사나 전령 같은 직책에 탁월한 권리를 갖는지를 말해주는데, 왜냐하면 신적인 계몽을 처음으로 수여받은 자들이 바로 그들이며, 우리를 초월해서 그렇게 멀리 있는 이러한 계시들을 우리에게 전달해 주

는 자들도 그들이기 때문이다. 참으로 하나님의 말씀은 천사들에 의해 율법이 우리에게 주어졌다고 가르친다(행 7:38, 53; 갈 3:19; 히 2:2). 율법의 시대 이전과 그것이 온 후에 우리의 뛰어난 선조들을 신을 향해 들어 올린 것은 바로 천사들이었다. 그들은 행위의 역할들을 묘사함으로, 방황과 죄로부터 진리의 바른 길로 우리 선조들의 방향을 전환시킴으로, 또한 성스러운 질서들과, 숨겨진 비전들, 초월적인 신비들 또는 신적인 예언들을 알리거나 설명하기 위해 사람들에게 다가옴으로 그 일을 수행했다(출 23:20-23).

3. 어떤 사람들은 하나님이 스스로를 나타내셨다고, 적어도 몇몇 성인들에게는 중개자들 없이 나타나셨다고 주장할 것이다. 그러나 사실 성경은 이미 철저히 감추어진 하나님의 존재를 "그 누구도 본 적이 없고"(요 1:18; 출 33:20-23; 딤전 6:16; 요일 4:12), 또는 앞으로 그 누구도 결코 볼 수 없으리라는 점을 명확하게 보여주었다는 것을 깨달아야 한다. 물론 하나님은 자신의 신성을 유지하면서 몇몇 경건한 자들에게 나타나셨다. 그는 그 담지자들이 알아볼 수 있는 형태로 제시된 성스러운 특정한 현시

顯示들을 통해 다가오셨다. 이러한 종류의 현시, 즉 형체가 없으신 하나님이 형체를 입고 나타나시는 현시는 신학적인 담론에 의하면 '신의 현현'theophaniae이라는 말로써 적절히 설명된다. 그러한 현시들을 받아들이는 자들은 신에게로 들어 올려진다. 그들은 신적인 계몽을 수여받고, 어떻게 해서든지 신적인 것들 그 자체 안에 입문하게 된다. 그럼에도 불구하고 우리들의 존경할 만한 조상들을 이러한 신적 현시들 안으로 입문시켰던 것은 천상의 능력들이었다.

성경 전통에서 율법의 성스러운 규칙들은 하나님 자신에 의해 모세에게 직접 주어졌으며, 그래서 하나님이 우리에게 이런 규칙들 자체가 신과 성스러운 것의 모사謀士가 된다는 것을 가르칠 수 있었다고 주장할 수 있다. 그럼에도 불구하고 신학은 상당히 분명하게 이러한 규칙들이 천사들에 의해 우리에게 전달되었다는 것을 가르치고, 또한 그리하여 하나님의 질서는 이차적인 존재들이 우선적인 존재들을 통해 어떻게 고양되는지를 우리에게 보여준다는 것을 가르친다. 그러므로 모든 질서의 초월적인 근원에 의해 주어진 율법은 영적 존재들의 가장 높은 그룹과 가장 낮은 그룹뿐만 아니라 평등한 계층에 있는 자들에게도 시효가 있다. 또한 그 율법은 모든 위계에서 적절한 질서와 능력이 처음과 중간과 가장 낮은 층 안에 분배되어야 함을 주장하며, 그리고 하나님에게 보다 가까운 자들이 보다 덜 가까운 자들의 안내자가 되어 덜 가까운 사람들을 신적인 접근, 계몽, 그리고 친교에로 인도해야 함을 확고히 한다.

4. 나는 인류에 대한 예수의 사랑이 갖는 신비가 가장 먼저 천사들에게 계시되었다는 것을, 그리고 이 지식의 선물도 천사들에 의해 우리들에게 수여되었다는 것을 주목한다. 모든 희망과는 반대로 하나님의 은총에 의해서, 세상의 구원을 위해 유익하게 나타나게 될 예수의 신적이고도 인간적인 사역을 알리는 예언자가 될 아들을 갖게 될 것이라는 신비로 대제사장인 사가랴를 인도했던 자는 가장 거룩한 천사 가브리엘이었다(눅 1:11-20). 가브리엘은 마리아에게 그녀 안에서 하나님의 말로 표현할 수 없는 형태의 거룩한 신비가 어떻게 태어날 것인지를 계시해 주었다.

다른 천사는 요셉에게 그의 조상 다윗에게 주어진 신적인 약속들이 진정 성취될 것이라는 것을 예언해 주었다(마 1:20-25; 삼하 7:12-17). 그리고 또 다른 천사는 군중으로부터 물러나 고요한 삶으로 인해 다소 정결하게 된 목자들에게 복된 소식을 가져왔다. 그리고 그들과 함께 "많은 천상의 무리들"이 땅 위에 있는 자들에게 그 유명한 희년의 노래Gloria in Excelsis(눅 2:8-14)를 전달해 주었다.

이제 우리의 시선을 성경의 가장 빼어난 계시로 들어 올려보자. 세상을 뛰어넘어 사는 존재들의 초월적인 원인인 예수 자신이 그 자신의 본질적인 본성을 어떤 방법으로도 변화시키지 않고 인간의 형태를 취하기 위해 왔다. 그러나 그가 세웠고 선택했던 그러한 인간 형태를 그는 결코 버리지 않았으며, 동시에 천사들에 의해 계시되었던 것처럼 그가 순종하는 자세로 성부 하나님의 소망에 복종했다는 점을 나는 주목한다. 요셉에게 이집트로 피할 것과 유대로 다시 돌아올 것에 관해 아버지의 계획을 통지했던 자는 천사들이었다(마 2:13, 19-22). 아버지의 명령은 천사들을 통해 예수에게 주어졌다. 예수를 위로한 천사(눅 22:43; 마 4:11)에 관한 거룩한 전통 때문에, 또는 우리의 구원을 위한 그의 고귀한 사역 때문에 하나님 자신이 계시하는 자들의 속한 계층에 들어가서 "위대한 보혜사"(사 9:6)로 불렸다는 사실을 내가 굳이 여러분들에게 상기시킬 필요는 없다. 참으로, 그가 아버지에 관해 알고 있던 것을 선언했을 때, 그것은 하나의 천사로서가 아니었는가?(요 15:15)

5장
천상의 존재들은
왜 공통으로 모두 "천사"라 불리는가?

　내가 아는 한 이것이 성경에서 "천사"라는 호칭을 사용하는 이유이다.
　그러나 나는 이러한 초월적인 계층들에 대한 논의에 있어서 신학자들이 한편으로는 궁극적으로 신적이고 천상적인 질서들을 완성시키는 존재, 말하자면 대천사archangels, 권품천사principalities, 권능천사authorities, 그리고 능력천사powers와 같이 성경 전통에 의해 보다 우월하다고 간주되는 그러한 집단들을 위해 "천사적" 질서라는 것을 보존하고 있으면서, 동시에 다른 한편으로는 모든 천상의 존재에게 구별이 없이 천사라는 호칭을 사용하는 이유를 물어야 할 필요가 있다고 생각한다. 이제 모든 성스러운 계층에서 보다 높은 서열들은 그들 아래에 있는 자들이 지닌 모든 조명과 능력을 가지고 있고, 그리고 종속적인 것들은 그들의 상위자들에 의해 소유된 것들 중 아무것도 가지고 있지 않다. 신학자들은 "천사"라는 이름을 또한 천상의 존재들 중 가장 높고 가장 거룩한 계층에도 부여했다. 이는 신성으로부터 나오는 비추임이 알려지도록 한 그들의 덕행 때문이다. 그러나 만약 사람이 천상의 존재들 중에서 가장 마지막 서열에 대하여 말하고 있다면, 그들에게 권품천사principalities, 좌품천사thrones, 치품천사seraphim 라는 칭호를 주는 것은 어리석은 것이다. 왜냐하면 그들은 이 상위 계층들이 지닌 최상의 능력을 소유하고 있지 않기 때문이다. 그러나 이러한 질서가 우리 자신의 영적인 사제들을 그 질서에 드러난 하나님의 빛으로 들어올려 주듯이, 가장 높은 존재들이 지닌 성스러운 능력은 천사들의 위계에 속한 종속적인 구성원들을 신을 향해 고양시켜 준다. 만약 성경이 모든 천사들에게 보편적인 이름을 부여한다면, 그 이유는 모든 천상의 능력들이 신에게 순응하고 하나님으로부터 나오는 빛과의 친교 속으로 들어가기 위해 보다 열등하거나 우월한 능력을 공동의 소유로 가지고 있기 때문이다.

그러나 이 모든 것을 분명하게 하기 위해, 각각의 천상의 계층들의 갖는 거룩한 속성들을, 그것들이 성경 안에서 우리에게 계시되었듯이, 밝은 눈을 가지고 바라다 보도록 하자.

6장

천상의 존재들 중에서 무엇이 첫 번째 서열이고, 무엇이 중간 서열이고, 무엇이 마지막 서열인가?

1. 천상의 존재들 사이에는 얼마나 많은 서열들이 있는가? 그것들은 어떤 종류들인가? 각자의 위계는 어떻게 하여 완전함을 성취하는가?

그들이 가진 완전함의 신적인 근원만이 진정으로 이 문제들에 답할 수 있다. 그러나 적어도 그들은 능력과 계몽에 의해 그들이 무엇을 가지고 있는지를 알고, 그리고 이러한 거룩하고 초월적인 질서에서 그들의 위치를 안다. 우리와 관련해서 이러한 천상적 영들의 신비를 아는 것과 그들이 어떻게 가장 거룩한 완전함에 도달하는지를 이해하는 것은 불가능하다. 우리는 단지 신이 그것들을 통해서 신비스러운 방법으로 우리에게 수여했던 그것만을 아는데, 왜냐하면 그것들은 그들 자신의 속성들을 잘 알기 때문이다. 그러므로 나는 이 모든 것에 대하여 내 자신이 말할 어떤 것을 가지고 있지 않다. 단지 나는 경건한 신학자들이 천사적 광경들에 대하여 명상한 것이 무엇이고, 그들이 그것에 관해 우리와 함께 나누었던 그것을 내가 할 수 있는 만큼만 기록하는 것에 만족하고자 한다.

2. 하나님의 말씀은 천상의 존재들에 관해 설명하기 위하여 아홉 개의 명칭들을 부여했는데, 나 자신을 입문시킨 성스러운 자가 이것을 세 개씩 세 개의 집단으로 나누었다. 그Hierotheus에 따르면 첫 번째 집단은 하나님 주변에 영원히 있고, 다른 어떤 이들에 앞서, 그리고 어떠한 중간매개체도 갖지 않은 채 그와 영원히 연합되어 있다. 여기에는 가장 거룩한 좌품천사thrones가 있고, 그리고 다른 계층들은 많은 눈들(겔 1:18)과 많은 날개들(사 6:2; 겔 1:6)을 소유하고 있다고 말해지는데, 히브리어로는 "케루빔"cherubim과 "세라핌"seraphim이라 불린다. 그

Hierotheus는 성경 전통에 따라서 말하기를, 그들은 하나님 바로 둘레에, 즉 다른 누구에 의해서도 향유되지 않는 가까운 곳에 존재한다고 말한다. 이 세 겹의 집단은, 나의 탁월한 스승은 말하기를, 진실로 첫째이고, 그들 구성원들은 동일한 위상을 갖는 하나의 단일한 위계를 형성한다. 이들 가운데 그 어떤 존재도 다른 존재보다 더 신과 같지 않으며, 또는 더 직접적으로 신으로부터의 일차적인 계몽을 받지도 않는다.

그는 두 번째 그룹은 권세천사authorities, 주품천사dominions 그리고 능력천사powers로 구성되어 있다고 말했다. 그리고 세 번째는 천상의 위계들 중에서 마지막에 해당되는 천사angels, 대천사archangels, 그리고 권품천사principalities로 구성된 집단이다.

7장

치품천사seraphim, 지품천사cherubim, 좌품천사thrones, 그리고 그것들로 이루어진 첫 번째 위계에 대하여

1. 우리는 이것이 거룩한 위계들이 질서지워진 방법이라는 것을 받아들이며, 또한 이러한 천상의 영적 존재들에게 주어진 명칭들은 그것들이 하나님의 흔적을 받은 양태를 상징적으로 나타내 준다는 데에 동의한다. 히브리어를 아는 자들은 "세라핌"이라는 거룩한 이름이 "불을 만드는 자들", 즉 "따뜻함을 담고 있는 존재"를 의미한다는 것을 안다(사 6:2-6). "체루빔"이라는 이름은 "지식으로 충만함", 또는 "지혜를 쏟아 부어내림"을 의미한다(창 3:24; 출 25:18-22). 위계들 중에서 맨 처음 나오는 존재는

진정으로 우월한 존재들에 의해 위계적인 방법으로 배열되었는데, 왜냐하면 이 위계는 바로 하나님 곁에 위치해 있고, 최초의 신현들과 완전함들을 받고 있고, 하나님께 가장 가까운 이웃으로 가장 높은 서열을 갖고 있기 때문이다. 그러므로 "따뜻함을 담고 있는 존재"와 "좌품천사"라고 불린다. 또한 "지혜를 쏟아 부어내림"이라는 명칭을 갖는다. 이러한 이름들은 신존재에 대한 그들의 유사성을 보여준다.

치품천사라는 명칭은 진정으로 이것, 즉 신적인 존재들 주변을 영원히 돎, 관통하는 따뜻함, 결코 희미해지지 않고 실패하지 않는 운동이 주는 넘쳐흐르는 열, 그리고 종속적인 것들 안에 화염과 같거나 동일한 따뜻함을 불러일으키고 고양시킴으로 그들 자신의 이미지를 각인시키는 능력을 가르킨다. 그것은 또한 번쩍이는 섬광과 화염을 사용해서 정화시키는 능력을 의미한다. 그것은 그들이 가지고 있는 빛과 그들이 품어내는 조명을 열려 있게 하고 쇠퇴되지 않도록 유지하는 능력을 뜻한다. 그것은 흐릿하게 만드는 모든 그림자를 곁으로 제쳐놓거나 제거하는 역량을 나타낸다.

지품천사라는 이름은 하나님을 알고 볼 수 있는 힘, 하나님의 빛이 제공하는 가장 위대한 선물들을 받아들이는 힘, 근본적인 능력 안에 있는 신적인 영광을 명상할 수 있는 힘, 지혜를 가져오는 은사들로 가득 차 있으면서 지혜를 은혜롭게 쏟아 부어주는 일부분으로 이런 은사들을 종속적 존재들과 나눌 수 있는 힘을 의미한다.

가장 숭고하고 고귀한 좌품천사라는 명칭은 궁극적인 최상의 높은 단계를 향해 위로 올라가는 태도에서 볼 수 있듯이, 그 명칭 안에 세상적인 모든 결점을 능가하는 초월성이 있다는 것을 의미한다. 그리고 그들은 보다 낮은 존재들로부터는 영원토록 분리되어 있으며, 진실로 가장 지고하신 하나님의 면전에서 항상 그리고 영원토록 머물러 있기를 의도하고 있으며, 모든 욕망과 물질적인 관심에서 해방되어 신적인 방문을 언제든지 받아들일 수 있으며, 하나님을 받아들이고, 그리고 종들과 같이 하나님을 환영하는 데에는 언제든지 열려 있다는 것을 의미한다(시 80:1, 99:1; 골 1:6).

2. 그렇다면 이것은 곧 우리가 이해하는 선에서 그들이 왜 현재의 존재로 불려졌는지를 보여주는 설명이다. 그리고 이제 그들 사이에 존재하는 위계를 내가 어떻게

이해하는지를 말해야만 한다. 지금까지 나는 다음과 같은 사실에 대하여 충분히 말해 왔다고 생각한다: 모든 위계의 목적은 신의 형태를 입기 위해 항상 하나님을 닮아가는 것이며, 모든 위계의 직무는 희석되지 않은 정화와 거룩한 빛과 완전함을 생성해 내는 이해를 받아들여서 전달해 주는 것이다. 기도하건대, 지금 내가 해야만 하는 것은 이러한 상급의 영적 존재들, 즉 그들 위계에 관한 성경적 계시를 합당한 말로 설명하는 것이다.

첫 번째 존재들은 그들 존재 자체에 대해 은혜를 입고 있는 삼위일체 하나님의 곁에 그들의 자리를 차지하고 있다. 말하자면 그들은 신성에게 들어가는 대기실에 있는 것이다. 그들은 앞으로 존재하게 될 모든 가시적이고 비가시적인 능력을 능가한다. 그들은 전적으로 단일한 형태의 위계를 형성한다. 우리는 그들을 온전하게 "정결하다"고 생각해야만 하는데, 이것은 그들이 세속적인 모든 불결함과 더러움으로부터 벗어나 있거나 세상적인 공상에 빠져있지 않아서가 아니라, 그들이 모든 약함과 성스러움이 가질 수 있는 다소 뒤떨어진 모든 성질들을 철저하게 초월하기 때문이다. 그들이 갖는 최상의 정결함 때문에 그들은 가장 빼어난 신과 같은 능력을 넘어서 세워졌고, 그리고 하나님에 대한 변함없는 사랑에 따라 영원히 스스로 움직이는 그들 자신의 서열에 굳게 붙어 있다. 그들은 하급의 존재들을 향해 전혀 줄어들지 않는데, 왜냐하면 그들은 영원히 무너지지 않고 움직여지지 않으며, 전혀 오염되지 않는 그들 자신의 기초를 신과 같은 속성으로 가지고 있기 때문이다.

그들은 또한 "명상적"인데, 그것은 그들이 감각적인 것들이나 영적인 것들을 나타내는 상징들을 명상하거나, 혹은 거룩한 저술들에 대한 복합적인 명상을 매개로 해서 하나님에게 들어 올려지기 때문이 아니다. 그것은 오히려 그들이 어떠한 지식을 넘어선 우월한 빛으로 가득 차 있고, 모든 아름다움의 원인이자 근원이 되신 분에 대한 초월적이고 삼중적인 빛을 내는 명상으로 가득 차 있기 때문이다. 그들은 또한 그들이 그 형태에 있어서 하나님의 사역과 유사한 것을 반영하면서 거룩한 이미지를 수단으로 한 것이 아니라, 그로부터 생겨나는 거룩한 빛들에 대한 지식에 우선적으로 참여하면서 하나님께 진심으로 가깝게 다가감으로 예수와 교제할 수 있도록 허락을 받았기 때문에 명상적이다. 하나님처럼 되는 것은 그들의 특별한 은사이며, 그들에게 허락된 한에 있어서 그들은 근본적인 능력으로 하나님의 거룩한 활동들과 사랑스러운 덕을 나눈다.

그리고 그들은 "완전한데", 그것은 그들로 하여금 많은 거룩한 존재들을 분석할 수 있도록 해 주는 계몽된 지성 때문이 아니라, 오히려 최초이고 최상인 신화神化와 하나님의 사역에 대한 초월적이고 천상적인 이해 때문이다. 그들은 다른 거룩한 존재들을 통해서가 아니라 직접적으로 하나님 자신으로부터 위계적인 방법으로 인도를 받았다. 그리고 그들은 하나님에게 직접적으로 들어 올려지기 위해 소유하고 있는 능력 때문에 이것을 성취했는데, 이러한 능력은 다른 것들과 비교했을 때 그들 상급자의 능력과 서열을 나타내는 지표이다. 그래서 그들은 완전하고 확실한 정결함 곁에 자리하고 있으며, 비물질적이고 영적인 찬란함에 대한 명상 속으로 인도될 수 있다. 그들은 하나님 주변에 가장 가까이 있는 존재들이며, 최상의 방법을 통해 위계적으로 인도를 받은 존재들로서, 완전함의 절대적 근원으로서의 신적인 사역에 대해 이해 가능한 설명 속으로 인도를 받는다.

3. 신학자들은 낮은 계층에 속한 천상의 존재들이 하

나님의 사역에 대하여 자신들이 갖고 있는 어떠한 이해든지 그들 상급자들로부터 조화롭게 받아온 반면, 보다 높은 계층들은 삼위일체 하나님에 의해 입문과정에서 허락되는 한 많은 계몽을 받았다는 것을 분명하게 보여주었다. 왜냐하면 그들이 그들 중 어떤 존재들은 보다 높은 계층에 속한 자들에 의해 거룩하게 인도된다고 우리에게 말하기 때문이다. 어떤 사람들은 "영광의 주", 즉 인간의 형태를 입고 하늘로 들림을 받은 자가 "천상의 능력들의 주"라고 배운다(시 24:10). 그러나 다른 사람들은 예수님의 본성에 대하여 이해할 수 없기 때문에 우리를 위한 주님의 신적인 사역에 대한 이해를 얻고, 인간에 대한 사랑 때문에 했던 친절한 사역에 대해 직접적으로 그들을 가르치는 선생이 바로 예수 자신이었다는 점을 안다. "나는 의와 구원하는 심판에 대하여 말한다"(사 63:1).

아직도 내가 놀랍게 생각하는 것은 이것이다: 다른 존재들에 비해서 매우 초월적인 존재인 천상의 존재들 중 제일 첫 번째 천상의 존재는 삼위일체 하나님과 관련해서 깨우침을 받기 원할 때에, 그럼에도 불구하고 보다 중간적인 위상을 가진 존재들과 유사하다는 점이다. 그들은 "당신의 옷은 왜 붉은색인가?"(사63:2)라고 먼저 묻지 않는다. 그들은 질문들을 교환하면서, 그러면서 하나님이 어떻게 일하시는지를 배우려는 열정과 알려는 열망을 보여주면서 시작한다. 그들은 단순히 하나님이 부여해 주신 넘쳐 흐르는 계몽을 넘어서 도약하지 않는다.

그래서 천상의 영적 존재들로 이루어진 첫 번째 위계는 이러한 근원을 향해 직접적으로 들어 올려질 수 있는 그 자신의 역량 때문에 모든 완전함의 근원에 의해 위계적인 방법으로 지도를 받는다. 그것은 철저한 정화, 무한한 빛, 그리고 온전한 완전함이라는 적절한 수단으로 채워져 있다. 그것이 어떠한 약점과도 섞여 있지 않고, 모든 빛 중에서 첫 번째 빛으로 채워져 있다는 점에서 정화되었고, 조명되었고, 그리고 완전하게 되었다. 그리고 근원적인 지식과 지성에 참여하는 존재로서 완전함을 성취한다.

요약하건대, 우리는 정화, 조명, 완전함이라는 이 세 가지가 신성에 대한 이해를 어떻게 받아들이는지를 보여주고 있다고 합리적으로 말할 수 있다. 즉, 보다 완전한 입문에 대하여 적절하게 부여된 지식을 통해 무지로부터 온전하게 정화되고, 이같이 동일한 거룩한 지식에 의해 조명되고 {거룩한 지식을 통해 그것은 이전에 확인되

지 않았지만 이제는 보다 고상한 계몽을 통해 드러난 것
은 무엇이든지 정화시키고, 그리고 가장 매력적인 입문
을 이해하는 데 있어서 이러한 빛을 통해 또한 완전하게
되는 것이다.

4. 내가 아는 한 이것은 천상의 존재들에 대한 첫 번째
계층이다. 그들은 하나님께 가장 가까운 곳 주변을 돈다
(사 6:2; 계 4:4). 그들은 단순하게 그리고 중단 없이, 하나님
에 대한 영원한 지식 주변에서 춤을 춘다. 천사들에게 적
절한 것이기에, 그들은 영원토록 그리고 온전히 그렇게
한다. 순전한 비전 가운데 그들은 한 무리의 복 있는 명
상들을 올려다 볼 뿐만 아니라, 단순하고 직접적인 광선
가운데서 계몽을 받을 수도 있다. 그들은 거룩한 자양분으
로 가득 차 있는데, 그 자양분은 최초의 흐름으로부터 나
오기 때문에 풍부하다. 그럼에도 불구하고 하나님께서 주
시는 자양분 있는 은사들은 다양하지 않고, 하나의 통일성
안에서 하나됨을 가져다 주기 때문에 또한 단일하다.

첫 번째 집단은 하나님과 교제하고 하나님의 사역을
나눌 특별한 가치가 있다. 그들은 하나님의 상황과 활동
이 보여주는 아름다움을 가능한 한 많이 본받는다. 그렇

게 고상한 방법으로 많은 거룩한 것들을 앎으로 그들은 거룩한 지식과 이해에 있어서 적절한 몫을 갖게 된다. 그러므로 신학은 첫 번째 계층의 천사들이 부른 그러한 찬송들을 이 땅의 사람들에게 전달해 주는데, 그 까닭에 그들의 영광스럽고 초월적 계몽이 찬송들을 통해 드러나게 되는 것이다. 만약 우리가 감각적인 이미지들을 사용해 본다면, 그들이 "그의 처소로부터 주님의 영광을 찬송할지어다"(겔 3:12)라고 선언했듯이, 그 중 몇몇 찬송들은 "많은 물결들이 내는 소리"(겔 1:24; 계 14:2, 19:6)와 같다. 다른 찬송들은 하나님에 대하여 "거룩하다, 거룩하다, 거룩하다, 거룩하다, 만군의 여호와여! 온 세상이 그의 영광으로 가득 차 있다"라고 말하면서, 그렇게 유명하고 공경스러운 찬송을 천둥과 같이 울려퍼지게 한다(사6:3; 계 4:8).

《거룩한 찬송Divine Hymns》(디오니시우스가 남겼다고 주장하는 몇 권의 책 이름이 본문에 나오는데, 이들은 분실되었거나 원래부터 없는 책일 것이다.)라는 나의 책에서, 하늘 너머에 거주하는 그와 같은 거룩한 영적 존재들이 부른 최상의 찬송들에 대하여는 내가 할 수 있는 한 최선을 다해서 이미 설명했다. 나는 말할 필요가 있는 모든 것은 그 책에 다 기록했다고 생각한다. 현재의 목적을 위해서 나는 단순히 첫 번째 계층이 거룩한 선함 그 자체로부터 하나님의 말씀에 대한 합당한 이해를 직접적으로 그리고 적절하게 받아들였을 때, 그러고서 자비로운 위계에 걸맞게 그 질서 가운데 있는 다음 존재들에게 이것을 전달한다는 사실을 반복할 것이다. 간단하게 말해서, 그 가르침은 이 정도이다. 사실 모든 칭송을 넘어서 있으면서, 모든 칭송을 받을 만한 존경받는 신성은, 가능한 한 많이 하나님을 받아들이는 그러한 영들에 의해 알려지고 찬송을 받는 것이 옳고 좋은 것이다. 성경이 말하듯이, 그들은 그들이 하나님에게 순응하는 정도로 하나님이 안식하는 거룩한 처소가 된다(사 66:1; 행 7:49). 이러한 첫 번째 집단은 신성은 단일monad하고, 세 위격 가운데 하나 [의 본성을 지닌] 존재라고, 그리고 모든 존재를 위해 그 찬란한 섭리가 하늘 위에 있는 가장 높은 존재들로부터 땅 위에 있는 가장 비천한 피조물에까지 미친다는 점을 말씀 가운데 전달해 주었다. 그들은 모든 존재의 모든 근원을 넘어선 원인이자 근원이고, 초월적인 방법으로 모든 것을 영원한 포용 속으로 이끌어 들인다.

8장

주품천사dominions, 능력천사powers, 권세천사authorities, 그리고 그것들로 이루어진 중간 위계에 관해서

1. 나는 이제 천상의 영적 존재들의 중간 계층에 눈을 돌려야 한다. 그리고 세상을 초월해서 보는 눈을 가지고 가능한 한 멀리까지 주품천사와 거룩한 권세와 능력이 지닌 놀랄 만한 광경들을 바라보아야만 한다(엡 1:21, 3:10; 골 1:16, 2:10; 벧전 3:22; 롬 8:38). 우리보다 훨씬 더 우수한 존재들이 지닌 각각의 칭호는 하나님을 본 받고 하나님께 순응하는 방법들을 우리에게 보여준다.

나의 관점에서, 계시적인 이름인 주품천사는 지상의 성향에 의해 족쇄가 채워지지 않고, 난폭한 지배를 특징짓는 전제적인 비유사성들 중 어느 것도 지향하지 않는 자유로운 들어 올림을 의미한다. 그것은 어떠한 결함도 허용하지 않고, 노예들이 지닌 어떤 비열한 고안물을 넘어서 있고, 그리고 비유사성이 갖는 순결함을 가지고 있기 때문에 참된 지배와 모든 지배의 진실된 근원을 영원토록 강력하게 추구한다. 예속된 자들이 그러하듯이, 그것은 자애롭게 그리고 능력에 따라 그러한 지배의 외양을 받아들인다. 그러나 그것은 공허한 외형을 거부하고, 참된 주님에게로 완벽하게 되돌아가고, 그리고 모든 지배의 영원하고 신적인 근원을 할 수 있는 한 많이 공유한다.

거룩한 능력천사에 관해 말하자면, 이 칭호는 모든 거룩한 활동들 가운데 일종의 남성적이고 흔들리지 않는 용기를 뜻한다. 그것은 그들에게 부여된 신적인 계몽들을 받아들이는 과정에서 모든 게으름과 연약함을 버리는 용기이며, 또한 하나님을 닮기 위하여 강력하게 고양되는 것이다. 그들은 비겁함 때문에 신적 활동을 포기하기보다는, 오히려 모든 능력의 근원인 초월적인 능력을 현혹됨이 없이 바라다 본다. 참으로 이러한 용기는 가능한 정도까지 능력에 대한 바로 그 이미지가 된다. 그 능력은 모든 힘의 근원이기 때문에, 모든 능력은 그들에게 강력하게 돌아감으로써 그 자신을 형성하는 데까지 나아간다. 그리고 동시에 그들은 자신에게 소속된 보다 열등한 존재들에게 그들이 지닌 역동적이며 신성화시키는 능력을 전달해 준다.

거룩한 권세천사는 그들의 이름이 나타내듯이, 거룩한 주품천사와 능력천사들과 동등한 서열을 가지고 있다. 그들은 그렇게 위치하고 있어서 조화롭고 혼돈되지 않는 방식으로 하나님을 영접할 수 있고, 그리고 천상적이고 영적인 권세에 대한 질서지워진 본성을 보여준다. 그들은 보다 하위부류에 속한 존재들에게 전제 군주적 해를 끼치기 위해 그들의 권위적인 능력들을 사용하기보다는, 오히려 조화롭고 확실하게 하나님의 것들을 향해 들어 올려지며, 그리고 그들의 선 안에서 그들보다 열등한 자들로 이루어진 계층들을 그들 자신들과 함께 들어올린다. 그들은 그들이 될 수 있는 한 모든 권세의 근원이고, 모든 권세를 창조하는 권세에 견주어질 수 있다. 그리고 그들은 권위적인 능력에 대한 자신들의 조화로운 질서 안에서 할 수 있는 정도로 그 권세를 분명하게 만든다.

이렇게 천상적 영적 존재들 가운데 중간 계층은 하나님에 대한 그 자신의 순응을 나타낸다. 이미 언급되었듯이, 이러한 것이 그것이 첫 번째 위계적인 계층에 의한 신적인 조명들로부터 간접적으로 정화, 조명, 그리고 완전함을 성취하는 방법이고, 그리고 이것은 그러한 매개적인 계층을 통해 부차적으로 전달된다.

2. 천사에서 천사로 전해지는 이러한 과정은 멀리서 완벽해지고, 그리고 그것이 최초의 집단에서 두 번째 집단으로 나아감에 따라 보다 흐릿해지는 그러한 완전함을 우리에게 보여주는 하나의 상징이 될 수 있다. 우리들의 거룩한 교사들은 성례전을 통해서 직접적으로 계시된 신적인 실재의 성취들이 다른 이들을 통해서 오는 거룩한 비전들에 참여하는 것보다 더 우수하다는 점을 가르쳤다. 비슷하게도, 첫 번째로 하나님께 들어 올려진 천사들이 하나님께 즉각적으로 참여하는 것은 중개자를 통해 완전해진 존재들이 참여하는 것보다 더 직접적인 것으로 보인다. 그러므로 우리에게 전해 내려온 전문적인 용어들을 사용하자면, "첫 번째 영적 존재들은 보다 열등한 위상을 가진 자들을 완전하게 하고, 비추이고, 그리고 정화시킨다. 바로 그 첫 번째 존재들을 통해 우주적이고

초월적인 근원으로 들어올려진 후자가 그것에 의해 모든 완전함의 근원이신 일자―者의 정화, 조명, 그리고 완전함에 대한 그들 자신의 정당한 몫을 얻게 되는 방법으로 말이다."

모든 질서의 신적인 근원은 두 번째 계층의 존재들이 첫 번째 계층의 존재들을 통해 신성으로부터 계몽을 받는다는 모든 것을 포괄하는 원리를 세웠다. 성경을 통해 알 수 있듯이, 이것은 성경의 저자들에 의해 종종 확언되어 왔다.

하나님은 인간을 위한 그의 부성적인 사랑에 의해 이스라엘이 거룩한 구원의 길로 되돌아갈 수 있도록 그들을 징계하셨다. 그들의 마음을 변화시키기 위해, 그분은 이스라엘을 야만적인 나라들의 침략에 내주셨다. 그분은 그분의 특별한 섭리 아래 있는 자들이 보다 낫게 변화되는 것을 확실하게 하기 위해서 이렇게 하신다. 그 후에 그분은 자신이 돌보는 가운데 이스라엘을 사로잡힌 상태에서 해방시키셨고(사 61:1), 이전의 만족스러운 상태로 회복시키셨다. 선지자 스가랴는 이것에 관한 현시를 보았다(슥 4:18). 스가랴에게 현시를 보여준 천사는 첫 번째 집단에 속한 한 천사로 하나님의 최측근에 있는 존재들 중의 하나였는데, 그는 성경이 "위로하는 말씀"이라고 부르는 것을 하나님으로부터 배웠다(슥 1:13). [덧붙인다면, 이미 언급했듯이 "천사"라는 말은 모든 종류의 천상의 존재들을 구별 없이 지칭한다.] 보다 낮은 계층에 속한 천사는 첫 번째 계층의 천사를 만났고, 그로부터 깨우침을 받아들였다. 그리하여 그는 하나님께서 의도하셨던 일에 있어서 마치 사제에 의한 것처럼 그 첫 번째 천사를 통해 가르침을 받았다. 이로써 그는 선지자들에게 "예루살렘에 다시 한번 수많은 사람들이 온전히 살게 될 것이라는 말씀"을 전수하도록 했다(슥 2:4).

다른 선지자인 에스겔은 이 모든 것이 하나님의 최상의 영광 안에서 체루빔 위에 서 있는 그분 자신에 의해 성스러운 방법으로 정해졌다고 말한다(겔 10:8). 인간을 위한 부성적 사랑으로 인해 하나님은 이스라엘의 진보를 위해 이스라엘을 바로잡고자 하셨고, 거룩한 의로움의 행위 안에서 타당하게 순결한 자들에게 죄인들로부터 분리될 것을 명령하셨다. 이것이 체루빔 다음으로 처음 전수된 자는 다른 한 천사인데, 그는 허리가 사파이어로 감겨져 있고, 그리고 제사장의 상징인 가장 긴 망토를 입었다(겔 9:2, 10:6-8). 이어서 그는 명령의 근원인 신의 지시에 따라서 다른 천사들과 도끼를 들고 다니는 자들에게 신의 결정을 선언했다. 한 천사에게는 예루살렘 전체를 가로지르고, 또한 순결한 자들의 이마에 표를 붙이라는 명령이 내려졌다. 그리고 다른 이들은 다음과 같은 말을 들었다: "그를 따라 도시로 들어가라. 맹렬하게 움직이고 아껴 보지도 말라. 그러나 표시가 주어진 자는 누구에게든지 가까이 가지 말라."(겔 9:5-6)

다니엘에게 "명령이 내려왔다"라고 말했던 천사에 관해 우리가 말할 수 있는 것은 무엇인가?(단 9:23) 체루빔의 한가운데로부터 불을 취했던 첫 번째 천사에 관해 우리는 무엇을 말할 수 있는가? 또는 특별히 천사들 사이에 존재하는 선한 질서를 보여주는 어떤 것인 "거룩한 제의"를 입고 있는 자의 손에 불을 주었던 체루빔에 관해 우리가 말할 수 있는 것은 무엇인가?(겔 10:6-8) 가장 거룩한 가브리엘 천사를 소환해서 "그로 하여금 이러한 현시를 이해하게 하라"고(단 8:16) 선언했던 자에 관해서는 무엇을 말할 수 있을까? 그리고 천상의 위계 질서에 걸맞는 신적이고 조화로운 배열에 대하여 다른 신학자들을 통해 주어진 본보기는 없는 것인가? 우리 자신의 위계는 이러한 배열을 모방한다. 우리의 위계는 천사적인 아름다움을 가능한 한 본받으려고 하고, 이미지에서 그런 것처럼 그것에 의해 형태지워지려고 하며, 그리고 모든 질서와 모든 위계의 초월적인 근원에까지 끌어올려지려고 애쓴다.

9장
권품천사principalities, 대천사archangels, 천사angels, 그리고 그것들로 이루어진 마지막 위계에 대하여

1. 이제 천사들의 위계에 있어서 마지막 계층에 대해 숙고하는 것만 남아 있는데, 이 위계는 거룩한 권품천사(엡 1:21, 3:10; 골 1:16, 2:10), 대천사, 천사를 의미한다. 그러나 나는 무엇보다 먼저 내가 할 수 있는 최선을 다하여 이러한 거룩한 명칭들의 중요성을 설명해야 한다고 생각한다. 천상적 권품천사들이라는 용어는 거룩하고 기품 있는 패권을 소유하고 있는 자들을 언급한다. 그 패권은 기품 있는 힘들에게 가장 적합한 성스러운 질서, 즉 모든 원리들을 넘어서 있는, 그 원리를 향해 완전하게 되돌아가게 하는, 또한 다른 존재들을 왕자와 같이 그분께로 인도하는 능

력이며, 원리들 중의 원리의 표징을 온전히 받아들이는, 또한 기품 있는 힘들을 조화롭게 실행함으로써 모든 질서가 지니는 이 초월적인 원리를 명백하게 보여주는 힘이다.

  2. 거룩한 대천사들은 천상적 권품천사들과 같은 서열을 갖고 있고, 내가 이미 지적했듯이, 단일한 위계와 계층을 형성하기 위해 천사들과 연합한다. 그러나 여전히 각각의 위계는 첫 번째, 두 번째, 그리고 마지막 능력들을 가지고 있는데, 대천사들의 거룩한 서열은 양극단 사이에서 중간자가 됨으로 인해 다른 양자의 특징을 조금씩 지닌다. 그들은 가장 거룩한 권품천사들과, 그리고 거룩한 천사들과 친교를 나눈다. 그들이 권품천사와 갖는 관계성은 그들이 하나의 지배와 같이 그들의 초월적인 근원으로 되돌아간다는 사실, 이러한 원리에 대한 표지를 가능한 한 폭넓게 스스로 받아들인다는 사실, 그리고 그 초월적 원리로부터 그것이 받았던 질서지우고 조정하는 불가시적 능력들 덕택에 천사들의 통일성을 가져온다는 사실에서 기인한다. 그들과 천사들 사이의 관계성은 첫 번째 천사들에 의해 중재되는 신적 깨우침들에 대한 해

석자라는 그들의 공통되는 지위에서 비롯된다. 대천사들은 천사들에게 신적 깨우침들을 풍성하게 선포하고, 우리가 거룩하게 깨우쳐질 수 있는 한에 있어서 천사들을 통해 우리에게 선포된다.

내가 이미 말했듯이 천사는 천상의 영적 존재들의 전체적인 계층을 완성한다. 천상적 존재들 가운데 천사로서의 최소한의 자질을 소유하고 있는 존재가 바로 그들이다. 그들은 이전의 존재들보다 더 적절한 의미에서 우리에게 보다 가깝기 때문에, 그들의 위계는 계시와 보다 밀접한 관련이 있다. 그리고 세계와 보다 가까운 이유로 "천사"라고 불린다.

나는 보다 상위의 계층이 – 그들이 은폐된 것에 보다 가깝기 때문에 보다 상위인데 – 위계적인 방법으로 두 번째 집단을 인도한다는 점을 이미 말했다. 두 번째 집단은 거룩한 주품천사, 능력천사, 권세천사들로 구성되었는데, 권품천사, 대천사, 그리고 천사들의 위계를 담당하고 있다. 두 번째 집단의 계시들은 첫 번째 위계의 계시들보다 더 명확하고, 그것 다음에 오는 위계의 계시들보다는 더 은폐되어 있다. 우리 인간들에게 계시하는 계층, 즉 권품천사, 대천사, 그리고 천사들은 그들 안에서 인간들의 위계 질서들을 관장한다. 이것은 상승, 하나님으로의 회귀, 그리고 친교와 연합이 적절한 질서에 따라 일어날 수 있도록 하기 위함이다. 그래서 참으로 발현의 과정이 하나님에 의해 모든 위계들에게 은혜롭게 주어지고, 또한 성스러운 조화 가운데 공유되는 방법으로 각자에게 도달될 수 있도록 하기 위함이다. 따라서 우리 자신의 위계를 돌보는 것은 바로 천사들이고, 이리하여 하나님의 말씀이 우리에게 말한다. 미카엘 천사는 유대 민족의 통치자라 불리고, 다른 천사들은 다른 민족들의 통치자들이라고 묘사되는데, 왜냐하면 "가장 높으신 분이 천사들의 수에 따라 민족들의 경계들을 정했기 때문이다"(신 32:8; 단 10:13-21).

3. 어떤 이는 왜 오직 히브리 민족만이 신적인 계몽에까지 들어 올려졌느냐고 물을지도 모른다. 이것에 대한 대답은 히브리 민족의 천사들이 보호하는 그들의 직무를 완벽하게 했으며, 만약 다른 민족들이 그릇된 신들을 예배하는 길로 잘못 들어섰다 해도, 그것은 수호천사들의 잘못이 아니라는 것이다. 참으로 이들 다른 민족들이 신을 향한 선한 들어 올림을 버렸던 것은 그들 자신이 주도

한 것이었다. 그들이 우상을 기뻐하기 위해 취했던 것에 대한 비이성적인 숭배 의식은 이기심과 주제넘음을 나타내주는 지표였다. 그리고 이것은 히브리 민족에게 일어났던 사건에 의해 증명될 수 있다. 성경은 "너는 하나님에 대한 지식을 거부했다"라고 말하고, "너희 마음의 소욕을 따랐다"고 말하고 있다(호 4:6, 5:11; 렘 7:24). 우리들의 삶의 방식은 미리 결정된 것이 아니고, 신적인 빛이라는 선물로부터 은총을 받은 자들의 자유의지는 빛으로부터 계몽의 섭리적인 근원이 되는 그러한 속성을 빼앗아가지 않는다. 실제적으로 발생하는 것은 이것이다: 영적 광경들이 갖는 비유사성은 비유사성이 가진 저항 때문에 아버지 하나님의 선함의 빛이라는 풍성한 선물이 완벽하게 참여되지 못하게, 또한 수여되지 못하게 만든다. 그리고 명료함이나 모호함에 있어서 다소 불평등한 방법으로 이 은사에 참여하게 된다. 그러나 그러는 동안 이 모든 것의 빛나는 샘은 계속해서 단일하고 단순하게 남아 있으며, 영원히 동일하고, 영원히 넘쳐흐른다.

이것은 다른 민족들에게도 해당되는데, 바로 그 민족들로부터 우리 자신들이 유래되었다. 그래서 우리 역시 신적인 빛이라는 무한하고 자애로운 바다와 영원토록 펼

쳐지고, 그리고 그 선물들을 모든 존재들에게 수여하는 그 빛을 향해 우리의 시선을 들어 올릴 수 있다. 여기에서는 그 어떤 낯선 신들도 주관하지 못한다. 여기에는 하나의 보편적인 근원이 있으며, 각 민족의 성스럽고 위계적인 지휘를 담당하고 있는 천사들이 기꺼이 그들을 따르려는 의지를 가진 자들을 바로 이러한 근원을 향해서 인도한다. 멜기세덱Melchizedek에 대하여 생각해 보자. 그는 하나님을 위한 사랑으로 가득 차 있었으며, 거짓 신들이 아니라 위에 계신 참된 하나님의 제사장이었다. 거룩한 하나님에 대해 가장 잘 알고 있었던 성경의 저자들은 멜기세덱을 하나님의 친구로 묘사하는 것에 만족하지 않았다. 그들은 그를 사제로 묘사해서(창 14:18-22; 시 110:4; 히 7:1), 지각이 있는 사람들에게 그의 임무가 단순하게 참된 하나님에게 되돌아가려는 것이 아니라, 오히려 제사장으로서 다른 사람들을 한 분이신 참된 하나님을 향해 들어 올림으로써 그들을 인도하는 것이라는 점을 분명히 하고자 하였다.

4. 그리고 위계를 이해하는 데 도움이 되는 다른 요소가 있다. 모든 만물들에 대해 관심이 있는 권위 있는 섭

리와 주권이 있다는 것이 이집트인들을 주재하는 천사에 의해 파라오에게 계시되었고, 또한 바빌로니아인들의 통치자에게도 그들의 천사를 통해 계시되었다. 참된 하나님의 종들이 그러한 민족들을 위한 지도자들로 세워졌으며, 천사들의 현시들을 통해 계시된 일들의 징후가 하나님에 의해 천사들을 통해서 천사들과 가까운 특정한 경건한 사람들, 이를테면 요셉과 다니엘에게 나타났다(창 41:1-32; 단 2:1-45, 4:1-27). 세상에는 오직 하나의 지배하는 근원과 섭리가 있기 때문에, 우리는 신성이 오직 유대인만을 책임지고 있으며, 동시에 그분과 동일한 지위에 있거나 또는 심지어 그분에게 적대적인 천사들이나 신들이 다른 민족들을 책임지고 있다고 생각해서는 안 된다. 이러한 개념을 보여줄 수 있는 구절은 성스러운 의미에서 이해되어야 한다(신 32:8). 왜냐하면 그것은 결코 하나님이 인간에 대한 통치를 다른 신들이나 천사들과 공유하고 있다거나, 또는 그분이 이스라엘을 그 지역의 왕자나 수령으로서 통치했다는 것을 의미할 수 없기 때문이다. 모든 이들에게 있어서 가장 높으신 분이 지닌 유일한 섭리가 천사들에게 모든 백성들을 구원으로 이끌도록 명령했으나, 그러나 그 빛으로 되돌아갔던 민족, 그리고 그 주님을 선포했던 민족은 오직 이스라엘뿐이었다. 그것이 바로 하나님의 말씀이 "그는 주님의 몫이 되었다"(신 32:9)라고 말하면서, 이스라엘이 스스로 참된 하나님에 대한 특별한 헌신을 선택했다는 것을 보여주는 이유이다. 그러나 또한 신학자들은 미카엘이 유대민족의 통치를 주재했으며, 그리고 이것은 다른 민족들과 같이 이스라엘이 그를 통해 하나의 보편적인 지배의 근원을 인식하도록 하기 위해서 천사들 중 하나에게 배당되었다는 것을 명확하게 하기 위해서라고 말한다. 왜냐하면 세상 위에는 가시적이고 비가시적인 모든 능력을 초월하는 하나의 초-존재supra-esse인 단 하나의 섭리만이 있기 때문이다. 또한 모든 민족 위에는 그들을 주재하는 천사들이 있는데, 그 천사들은 모든 사람들을 가능한 한 멀리까지, 즉 그들 자신의 근원으로서의 그들이 기꺼이 따르고자 하는 그 섭리를 향해 끌어 올리는 임무를 부여받는다.

10장
천사들의 일치에 대한 반복과 결론

1. 그래서 하나님과 친교를 나누는 그룹에서 영적인 존재들의 가장 첫 번째 계층은 모든 완전함의 근원으로부터 오는 계몽들에 의해 위계적으로 질서지워지고, 그들은 어떠한 중개자의 도움 없이 그것을 향해 고양된다. 신성(삼위일체 하나님) divinitas이 지닌 은폐되고 눈부신 빛들이라는 선물 덕분에 그들에게 정화, 조명, 그리고 완전함이 주어진다. 그러한 빛들은 그들이 개념적인 것들과 관련을 갖고 있을수록 더 은폐되어 있고, 그리고 그들은 그러한 모든 것들에게 훨씬 더 많은 단순성과 통일성을 가져다 준다. 그들은 직접적으로, 최초로, 그리고 완벽하게 받아들여졌기 때문에 더욱 찬란하다. 그들이 쏟아져 나올 때, 그들은 그들의 근원에

더 가까이 있기 때문에 보다 더 빛난다.

그리고 나서 천사들의 첫 번째 계층에 의해 두 번째 계층이, 두 번째 계층에 의해 세 번째가, 그리고 세 번째에 의해 우리 인간의 위계가 조화로운 질서의 근원이 가진 이러한 조절에 따라 적절한 균형과 거룩한 조화 가운데 완벽한 조화의 모든 근원과 완성을 넘어서는 근원을 향해 위계적인 방법으로 들어올려진다.

2. 모든 천사들은 그의 상급자들이 지닌 계시와 소식들을 가지고 온다. 첫째 계층은 그들의 영감인 하나님의 말씀을 가지고 오고, 한편 다른 존재들은 그들의 위계에 따라 하나님에 의해 영감이 고취된 자들에 대하여 말한다. 왜냐하면 세상의 모든 초월적인 조화는 이성과 영혼을 부여받은 모든 존재를 섭리적으로 돌보아 왔으며, 그리고 그들이 바르게 질서지워지고 거룩하게 고양되어짐을 분명히 해 왔기 때문이다. 이러한 조화는 그 자신의 성스러운 특징에 적절한 방법으로 각 위계적인 집단의 독특한 점을 적절하게 승인해 주고, 우리가 보았던 것과 같이 그것들을 첫째, 중간, 그리고 보다 낮은 능력들로 배열하고, 마지막으로 그들 각자가 가지고 있는 신성에 참여하는 정도에 따라 적

절한 방법으로 조화롭게 관리함으로써 조정해 왔다. 더욱이 신학자들은 가장 거룩한 치품천사들이 "서로 큰소리로 부르며 화답한다"라고 우리에게 말하는데, 나에게는 이것이 그 첫 번째 계층들이 그들이 하나님에 대하여 아는 것을 두 번째 계층에게 전달해 주고 있음을 보여주는 것처럼 느껴진다.

3. 내가 사리에 맞게 여기에 더할 수 있는 것이 있다. 천상의 것이나 인간적인 것이나 각각의 영적 존재는 첫째, 중간, 그리고 보다 낮은 일련의 자신만의 서열과 능력들을 가지고 있고, 그리고 그의 능력들에 따라 이런 것들은 앞에서 언급된 들어 올림, 즉 모든 존재를 향해 열려 있는 위계적인 계몽들과 직접적으로 관계가 있는 들어 올림들을 나타낸다. 바로 이러한 배열에 따라서 각각의 영적인 실체 – 그가 적절하게 할 수 있는 정도에 있어서, 그리고 그에게 허락된 한도에 있어서 – 는 정결을 넘어선 정화, 초월적으로 가득 넘치는 빛, 모든 완전함을 능가하는 완전함에 참여한다. 그 어떤 것도 스스로는 완전할 수 없다. 그 어떤 것도 완전함을 위한 필요로부터 전적으로 자유로울 수 없다. 다시 말해, 그 어떤 것도 그 자체로서 진정으로 완벽할

수 없다. 그리고 참으로 모든 완전함을 앞서는 그 존재를 제외하고는 그럴 수 없다.

11장

왜 모든 천상의 존재들이 보편적으로 "천상의 능력들"이라고 불리는가?

1. 이렇게 모든 것을 구분한 후에, 이제는 우리가 실제로 왜 모든 천사적 존재들을 습관적으로 "천상의 능력들"이라고 부르는지에 대하여 생각해야만 하는 것이 적절하다(시 24:10, 46:11). 왜냐하면 계속해서 '천사들'이라는 용어를 사용하면서는 우리가 해왔던 담론을 이어나갈 수 없기 때문이다. 다시 말하자면, 우리는 거룩한 능력들로 이루어진 계층이 계층들 중 마지막이라거나, 보다 상위 존재들의 계층들이 보다 하위의 계층에게 유용한 거룩한 계몽들에 참여한다거나, 또는 후자들은 그들의 상위 존재들을 위해 있는 것들에는 참여하지 못한다고 단언할 수 없다. 그러므로 "천상의 능력들"이라는 명칭은 모든 거룩한 영들을 포괄할 정

도로 확대될 수 없다. 다만, 치품천사, 좌품천사, 그리고 주품천사의 경우에서 우리는 그렇게 할 수 있다고 본다. 왜냐하면 가장 마지막 계층들은 보다 상위의 것들의 속성들을 공유하고 있지 않기 때문이다.

그러나 천사들 그리고 그들 앞에 있는 대천사, 권품천사, 또한 권위천사는 신학에 의해 능력천사에게 종속적인 존재로 간주되고 있는데, 그럼에도 불구하고 그들은 다른 모든 거룩한 존재들과 마찬가지로 우리들에 의해 종종 "천상의 능력들"이라고 불린다.

2. 내가 주장하고자 하는 바는 우리가 이러한 모든 존재들을 위한 집단적인 용어로 "천상의 능력들"이라는 명칭을 사용할 때마다, 이것이 각각의 계층에 속한 특별한 속성들에 대하여 혼동을 야기하지는 않는다는 것이다. 우리는 이 세계를 초월하는 이유들 때문에, 모든 거룩한 영들 안에는 존재, 능력, 그리고 활동성 사이에 삼중의 구별이 있다는 점을 분명하게 보게 된다. 이제 우리가 그들 중 몇몇 혹은 모두를 "천상의 존재들," 혹은 "천상의 능력들"이라고 대강 묘사한다고 가정해 보자. 그렇다면 우리는 우리가 존재와 능력에 대하여 그렇게 말할

때, 각 개체 안에 있는 존재와 능력 때문에 완곡한 표현을 사용하고 있다는 점을 인식해야만 한다. 내가 이미 설명했던 것처럼 거룩한 능력들이 지닌 탁월한 특징 가운데 보다 하위의 존재들의 전반적인 속성에 대해서는 의문의 여지가 있을 수 없다. 그렇게 하는 것은 천사들의 계층들을 통제하고 모든 혼동을 배제하는 질서의 원리를 망쳐버리는 것일 것이다. 내가 그렇게 빈번하게 그리고 그렇게 정당하게 설명한 이유 때문에 보다 상층의 계층들은 그들의 하위 존재들이 지닌 성스러운 속성들을 상당한 정도로 소유하고 있다. 반면에 마지막 계층들은 비록 앞선 계몽들이 그들 각자에게 비례적으로 이전 계층을 통해서 부분적으로 전달되지만, 보다 영예스러운 계층들이 지니는 초월적인 충만함은 소유하고 있지 않다.

왜 인간 성직자들이 "천사들"이라고 불리는가?

1. 성경을 이해하는 데에 열심을 내는 자들이 부딪히는 또 다른 문제가 있다. 마지막 계층이 보다 높은 단계의 계층들을 향해 열려진 것에 참여하지 못한다면, 왜 우리 인간 성직자가 성경에서 "전능한 주님의 천사"로서 명명된 것일까?(말 2:7, 3:1; 갈 4:14)

2. 이제 내게는 이러한 표현이 이미 언급된 것들과 실제적으로 모순되지 않는 것처럼 여겨진다. 우리는 하위의 계층들이 보다 상위 계층들이 지니는 충만하고 완전한 능력을 결여하고 있다는 점을 단언하였다. 그러나 그들은 그러한 능력에 있어서 부분적이며 비례적인 몫을

소유하고 있는데, 그들은 모든 것들의 하나이며 조화롭고 서로 얽힌 친교의 부분으로서 그렇게 한다. 그리하여 비록 거룩한 치품천사의 서열이 보다 높은 지혜와 지식을 소유하고 있는 경우라 해도, 그들 아래 있는 존재들로 구성된 계층들 또한 비록 그들과 비교해서 부분적이고 보다 열등한 것이라고 할지라도 지혜와 지식의 일정한 몫을 공유하고 있다. 진정으로 모든 영적이고 존엄한 존재들은 지혜와 지식에 대하여 그들 자신이 참여하고 있고, 그리고 그들 사이의 차이는 - 각각의 능력들에 관련되는 바- 이러한 몫이 직접적이고 우선적인가, 혹은 부차적이고 열등한가에 달려 있다. 이것이 모든 거룩한 영적 존재들에 관해 정당하게 말해질 수 있는 것으로서, 첫 번째 계층이 완전한 방법으로 그들의 종속자들이 지닌 거룩한 속성들을 소유하고 있는 것과 마찬가지로, 후자는 비록 동일한 방법이 아니라 보다 낮은 방식에 의해서지만, 그 역시 그들의 상급자들이 지닌 속성들을 소유하고 있다. 그러므로 나는 하나님의 말씀이 우리의 성직자에게조차 "천사"라고 부른다는 사실이 잘못된 것이라고 보지 않는다. 왜냐하면 천사들과 같이 그는 그가 할 수 있는 범위 안에서 전령이 되고, 인간이 할 수 있는 한도에 있어서 계시를 전달하기 위한 천사적 능력을 모방하도록 들어 올려지는 것이 바로 그의 특징이기 때문이다.

3. 당신은 또한 어떻게 하나님의 말씀이 "신들"이라는 호칭을 우리보다 상위계층에 속한 천상의 존재들에게뿐만 아니라(시 82:1, 95:3; 창 32:28-30), 또한 하나님에 대한 사랑 때문에 구별되는 우리 가운데 있는 경건한 사람들에게까지 부여하는지를 주목하게 될 것이다(출 4:16, 7:1; 시 45:6, 82:6; 요 10:34). 삼위일체 하나님의 은폐성은 초월적 존재이다. 그것은 모든 것을 훨씬 더 뛰어넘는다. 그 어떤 존재도 어떤 방법으로든 또는 권리상으로든 그것과 비슷한 이름으로 불리워질 수 없다. 그러나 영과 이성을 부여받은 모든 존재가 완벽하게, 그리고 그것이 할 수 있는 한 그분과 연합되도록 되돌려진다면, 그리고 그의 신적인 계몽들을 향해 영원토록 들어 올려진다면, 또한 만약 사람이 그리 말하는 것이 허락될진대, 그가 하나님을 모방하기 위해 가능한 한 열심히 노력한다면, 그러한 자는 확실히 신적인 존재로 불려질 만하다.

13장

선지자 이사야는
왜 치품천사seraphim에 의해
정화되었다고 말해지는가?

1. 우리가 할 수 있는 최선을 다해 우리가 고려해야 할 다른 것이 있다. 어떻게 선지자들 중의 한 명이 한 세라핌에 의해 방문을 받았다고 말할 수 있는가?(사 6:6) 어떤 이는 그 선지자를 정결하기 위해 왔던 존재가 보다 하위 서열에 속하는 천사들 중의 하나가 아니라, 가장 상위의 존재들 가운데서 온 천사라는 사실에 의해 몹시 당황해 할 수도 있을 것이다.

2. 어떤 이는 이렇게 말할 것이다. 이러한 모든 영적인 존재들이 공통으로 가지고 있는 것이 무엇인지에 관한

이전의 설명을 고려할 때, 그 성경 구절이(사 6:6) 선지자를 정결하게 하기 위해 내려왔던 영적 존재가 하나님의 최측근에 있는 상위의 천사 계층에 속했다고 단언하고 있지는 않다. 그 선지자에게 왔던 천사는 우리에게 배정된 천사들 중의 하나이다. 그는 선지자를 정결하게 하는 성스러운 임무를 가지고 있었다. 그는 성스러운 불로 선지자의 회부된 죄들을 살라버려야 했고, 정결하게 된 사람 안에서 하나님에 대한 복종을 다시 고취시켜야 했기 때문에 세라핌 중의 한 명으로 불렀다. 이러한 해석에서 이 구절이 언급하는 세라핌은 하나님 곁에 있도록 임명된 천사들 중의 하나가 아니라 우리를 정결하게 하기 위해 지정된 능력들 중의 하나라는 것을 의미한다.

3. 다른 이가 이 문제에 대해 완벽하게 부적절하지만은 않은 대답을 나에게 주었다. 그는 이 강력한 천사가 누구였던지 간에 그 선지자에게 거룩한 것들을 전수하기 위해 하나의 현시顯示를 야기시켰고, 그래서 그 천사는 정화라는 그 자신의 성스러운 속성을 하나님에게, 그리고 하나님 다음에 오는 상급 위계에게 돌렸다고 말했다. 이러한 진술이 또한 사실일 수 있을까? 이것을 확언

했던 사람은 신성이 갖는 능력은 어느 곳에나 퍼지고, 모든 것들이 저항할 수 없을 정도로 관통하고, 그러나 그럼에도 불구하고 모두에게 불확실한 상태로 남아 있다고 말한다(솔로몬의 지혜서 7:24; 히 4:12). 그 이유는 그것이 초월적으로 모든 것을 넘어서 있기 때문일 뿐만 아니라, 그것은 파악할 수 없는 방법으로 그 모든 섭리적인 활동들을 전달해 주기 때문이다. 그럼에도 불구하고 신성은 적절한 수단으로 모든 영적인 존재에게 그 자신을 나타낸다. 그것은 그 자신의 빛이라는 선물을 가장 상위의 존재들에게 수여하고, 그리고 상위 계층의 우선적인 서열 때문에 신성은 그들을 중개자로 사용한다. 즉, 신적인 존재를 바라다 볼 수 있는 각 계층의 능력에 따라 적절한 방법으로 그 동일한 빛을 보다 낮은 서열에 있는 존재들에게도 조화롭게 전달해 주기 위한 중개자로 그들을 사용한다. 나는 적절한 예, 즉 우리들에게 보다 분명한 예들을 들어 내가 하고자 하는 말을 보다 확실하게 하고자 한다. 비록 그것들 모두가 신적인 초월성에 대하여는 절대적으로 불충분하다는 것을 내가 알고 있지만 말이다. 태양의 광선들은 그것이 다른 모든 것들보다 더 투명하기 때문에 물체의 표면을 쉽사리 통과해 간다. 태양의 실제 빛은 물체의 그 부분을 통과하여 자신의 광선들을 보다 눈부시게 밝힌다. 그러나 그것이 보다 둔탁한 물질을 만나게 되면, 그것은 보다 흐려지고 분산되는 것처럼 보인다. 그 물질이 쏟아져내리는 빛을 통과시키기에는 덜 적합하기 때문이다. 이러한 부적합함은 태양이 마침내 빛의 행로를 완전히 멈출 때까지 점진적으로 커지게 된다. 비슷하게, 불의 열기는 보다 수용적인 도체나 혹은 거의 그것과 같은 전도성 좋은 개체들로 쉽사리 전도된다. 그러나 그 타오르는 활동이 저항적이거나 심지어 거부하는 물체들에 직면하게 될 때, 그것은 비효과적이 되거나 매우 희미한 흔적만을 남기게 된다. 이것은 불이 퍼져나가기 적합한 물체들을 통해 움직일 때, 그러고서 그것과 유사하지 않은 것들로 오게 될 때, 온전히 볼 수 있다. 이것은 마치 불이 붙은 어떤 것이 불이 붙을 수 있는 것들에게 먼저 영향을 미치고, 그리고 나서 그것들을 통해서 쉽사리 불이 붙지 않는 물이나 어떤 다른 것이 적절하게 데워지는 것과도 같다.

모든 가시적이고 비가시적인 질서와 조화의 놀라운 근원은 초자연적으로 찬란한 계시들 안에서 보다 상위의 존재들에게 그의 놀랄 만한 빛의 충만함, 그리고 최초의 찬란함을 천지만물에 걸쳐서 작용하는 그 동일한 조화로운 법을 따라서 부어주고, 그들의 차례에 따라 이어지는 존재들은 그들의 상위 존재들의 중개를 통해서 신적인 빛에 대한 그들의 몫을 얻게 된다. 하나님을 가장 먼저 안 존재들은, 그리고 남들보다 더 많이 거룩한 덕을 바라는 존재들은 가능한 한 많이 하나님을 모방하는 능력과 활동을 가진 최초의 사역자들이 될 가치가 있는 것으로 간주되어 왔다. 그들의 선善 안에서 그들은 하위 계층에 있는 자들을 가능한 한 그들과 필적한 만한 존재들이 되도록 들어올린다. 그들은 열등한 자들이 이것을 그들보다 더 아래에 있는 자들에게 전달해 줄 수 있도록 하기 위해서 열등한 자들에게 그들을 방문했던 영광스러운 빛을 아낌없이 나누어 준다(솔로몬의 지혜서 7:13). 그러므로 각 계층에서 선행자는 계승자에게 그가 받아왔던 모든 신적인 빛을 전달해 주며, 이것은 섭리적인 균형 안에서 모든 존재에게 퍼져 나간다.

물론 하나님 자신은 진정으로 조명을 받은 자들 모두에게 있어 조명의 근원인데, 왜냐하면 그분은 진실로 빛 자체이기 때문이다. 그는 존재와 봄[見]의 근원이다. 그러나 하나님을 닮아가는 가운데 각 존재는 그가 신적인 빛을 전달해 주는 존재보다 다소 우월하다는 이치가 형성되어 왔다. 그래서 모든 다른 천사적 존재들은 하늘에 있는 영적 존재들의 첫 번째 계층을 하나님 다음 가는 근원으로, 즉 하나님에 대한 모든 성스러운 지식과 하나님을 모방하는 모든 것의 근원으로 따르는데, 왜냐하면 우리 자신들을 포함한 다른 모든 존재들에게 신적인 계몽을 매개하는 이들이 바로 이 첫 번째 계층이기 때문이다. 하나님을 모방하는 가운데 행해진 그들의 모든 성스러운 활동은 한편으로는 궁극적인 원인이 되는 하나님의 은혜로 돌려지며, 다른 한편으로는 하나님에게 순응하여 살고, 그리고 거룩한 존재들에 대한 최초의 사역자들이자 교사들인 상급의 영적 존재들의 공로로 돌려진다. 첫 번째 계층에 속한 천사들은 다른 불의 능력과 그들에게 쏟아져 내려온 거룩한 지혜를 이들보다 더 많이 부분적으로 소유하고 있다. 이때 지혜와 능력은 거룩한 깨우침 안에서의 절대적 존재에 대한 지식, 그리고 '권좌들'이라는 말로 요약될 수 있는, 또한 하나님을 수용하기 위해 개방된 그들의 특별한 힘을 나타내는 것으로서의 능력을 뜻한다. 보다 낮은 계층의 존재들도 불, 지혜, 지식, 그리고 하나님을 받아들이는 개방성에 대한 그들의 몫을 가지고 있다. 그러나 그것은 보다 열등한 모습으로, 그리고 그들이 첫 번째 계층에 속한 영적 존재들을 우러러보는 상황에서 그러하다. 그들은 이 첫 번째 존재들을 통해 하나님을 모방하는 데 있어 우선적인 가치를 부여한 존재인 하나님에 대한 가능한 유사성에로 들어 올려진다. 이차적인 존재들은 첫 번째 존재들의 매개를 통해서 이러한 거룩한 속성들을 공유하기 때문에, 그들은 그러한 속성의 공로를 첫 번째 존재들, 즉 하나님 다음으로 그들에게는 제사장들과 같은 자들에게 돌린다.

4. 앞서 논한 모든 것을 말한 사람은 그 선지자에게 계시된 현시가 우리를 돌보도록 임명된 거룩하고 복 있는 천사들 중의 하나로부터 왔다고 주장했다. 이러한 천사의 조명하는 인도 아래서 만약 내가 상징을 통해 말할 수 있다면, 그는 하나님 아래에, 둘레에, 그리고 하나님과 함께 세워진 가장 상위의 존재들을 바라다 볼 수 있는, 그처럼 성스러운 명상의 단계로 올려졌다. 그는 그 존재들을 넘어서 그 정상까지, 그리고 모든 근원을 넘어서 종속적인 능력들의 한가운데서 받들어지는 분, 그리고 말로 표현할 수 없는 방법으로 그런 존재들과 모든 것들을

초월하는 분을 바라다볼 수 있었다. 이러한 현시 안에서 그 선지자는 신성이 모든 가시적이고 비가시적인 능력을 극도로 초월하고 있다는 점을 배웠다. 그분은 모든 것으로부터 완전하게 분리된다. 그분은 심지어 최상의 존재들과도 같지 않다. 그분은 모든 실체를 위한 존재의 원인이고 근원이다. 그분은 모든 것의 안정성을 위한 변하지 않는 기반이고, 그리고 심지어 가장 고양된 능력들에게 있어서 존재와 그리고 참된 행복bene-esse을 지은 분이다.

그리고 나서 그는 가장 거룩한 세라핌 스스로가 지닌 신과 같은 능력들에 관해 가르침을 받았다. "세라핌"이라는 이름은 불꽃을 의미하는데, 나는 불의 능력이 어떻게 신과 같은 존재에로까지 들어 올릴 수 있도록 하는지에 대해 내가 할 수 있는 한 간단하게 설명할 것이다. 그들의 여섯 개의 날개에 대한 성스러운 이미지는 처음, 중간, 보다 낮은 개념들에 의해 하나님을 향한 끝없는, 그리고 놀랄 만한 상승의 추진력을 의미한다. 수없이 많은 발들, 무수한 얼굴들, 위에 있는 그들의 얼굴과 아래에 있는 그들의 발들에 대하여 명상하는 것을 차단시키는 날개들, 그리고 중간에 있는 날개들의 끝없는 퍼득임을 보면서, 그 경건한 선지자는 보이는 것들에 대한 개념적인 지식을 향해 고양되었다. 그에게 영적 존재들 가운데 가장 고양된 것들이 지니는 많은 양상들과 그들의 다양한 현시가 지닌 능력이 보였다. 그는 그 영적 존재들이 세속적이지 않은 방식으로 가장 높고 가장 깊이 있는 것들에 대해 맹렬하게, 대담하게, 그리고 불법적으로 추구하는 것과 관련해서 계속되는 거룩한 경고를 목격했다. 그들이 끊임없이 고양되어, 그리고 영원한 활발함 가운데서 하나님과 같이 되기 위해 행동할 때에, 그 선지자는 그들 안에 있는 조화로움을 보았다.

그는 또한 그러한 거룩하고 매우 영광스럽게 된 찬양의 신비 가운데로 인도되었는데, 왜냐하면 그 현시를 보여준 천사가 그 자신이 성스러운 것에 대하여 알고 있는 것은 무엇이든지 가능한 한 많이 그 선지자에게 가르쳐 주었기 때문이다. 더욱이 그 천사는 그에게 정화는 어느 누구에게나 신성의 투명한 명료성에 참여하는 것으로 구성되어 있다고 가르쳐 주었다. 이 세상의 것이 아닌 근거에 기반해서 모든 성스럽고 영적인 존재들에게는 신성 자체에 의해서 이렇듯 명료하게 신비스럽고 초월적인 입문이 주어진다. 그것은 신성에 이웃하여 거하는 자들에게 보다 명확하고, 보다 확실하고, 더 잘 알려진 것인데, 왜냐하면 그들은 상층부의 능력들이기 때문이다. 우리 자신의 영적인 능력들과 함께 두 번째와 마지막 위계에 속한 능력들에 대하여 신성은 하나님에 대한 순응으로부터 떨어진 정도에 비례해서, 하나님 자신의 은폐성과의 미지의 연합을 위해 하나님의 분명한 비추임에 집중한다. 신성은 각각의 단계에서 상위 계층에 의해 하위 계층들을 비추어 준다. 요약하자면, 신성은 첫 번째 능력에 있는 존재들을 매개체로 해서만 은폐으로부터 계시로 처음 드러난다.

이것이 바로 그 선지자가 그를 빛으로 인도하기 위해 보내심을 입은 천사로부터 배웠던 것이다. 그가 발견했던 것은 정화가 보다 상층의 존재들을 통해서 반영된 신성의 모든 다른 활동들과 함께 모든 이들 가운데 각자가 하나님의 말씀 안에서 가지고 있는 몫에 비례하여 퍼져 나간다는 것이다. 그리고 이것은 그가 왜 정결하게 하는 불을 가져오는 속성의 공로를 하나님 곁에 있는 세라핌에게 합당한 방법을 통해 돌렸는지를 보여준다. 그러므로 그 선지자를 정결하게 한 자가 세라핌이라고 말하는 것은 사리에 어긋나는 것이 아니다. 하나님은 그 자신이 모든 정화의 원인인 한에서 모든 존재들을 정결하게 한다.

또는 보다 익숙한 예를 든다면, 우리에게는 우리 자신의 제사장이 있다는 것이다. 그는 그의 집사들과 사제들을 통해 정화와 빛을 가져온다. 그러나 사람들은 제사장이 정결하게 하고 비춘다고 말하는데, 왜냐하면 그에 의해 정해진 서열에 속한 사람들이 그들 자신들이 하고 있는 성스러운 활동의 공로를 제사장들에게 돌리기 때문이다. 이와 비슷하게, 그 선지자를 정결하게 하기 위해 성스럽게 직무를 수행했던 천사는 그 자신의 정결하게 하는 지식과 능력을 먼저 원인causa이 되신 하나님에게 돌렸고, 그리고 나서 최초의 제사장인 세라핌에게 돌렸다.

천사가 정결하게 한 자에게 알리면서, 신중하게 이것을 말하고 있는 듯하다: "내가 네 안에서 성스럽게 행하고 있는 정화는 그 근원, 존재, 창조주, 그리고 원인으로서 첫 번째 계층들을 존재하도록 이끄는 초월적인 일자를 갖는다. 그분은 그분 바로 옆에 있는 기초 가운데 움직이지 않고 변하지 않도록 그들을 붙들고 보존시키며, 무엇보다도 먼저 그의 섭리적인 활동들을 공유하도록 각성시키시는 분이다". {이것은 세라핌의 사명에 관해 내가 나의 스승으로부터 배운 것이다.} "하나님 다음으로, 제사장과 통치자는 첫 번째 존재들의 계층이다. 이들은 정화의 직무 안에서 나를 그렇게 신성하게 가르쳤고, 또한 나의 행위를 통해 당신을 정화시키는 자들이다. 그들의 중개하는 노력을 통해서 하나님, 즉 원인이 되시고 참으로 모든 정화를 만드신 자가 되시는 그분은 그분의 섭리의 사역들을 숨겨져 있는 영역으로부터 우리들이 이용 가능한 지점까지 내놓으셨다."

이것이 내가 그로부터 배운 것이고, 그리고 나는 그것을 당신에게 전해준다. 그러나 언급된 문제들에 대하여 이런 저런 해결책을 정하기 위해서 그것을 보다 그럴듯하고, 보다 사리에 맞고, 그러므로 진리에 보다 가까운 것으로 받아들이는 것은 당신의 지성과 비판적 이해에 달려있다. 물론 당신 자신이 진정한 진리에 보다 가까운 해결책을 가진 경우가 아니라면, 또는 당신이 그것을 다른 누구로부터 배우지 않았다면 - 사실 하나님이 말씀을 주셨고(시 68:11), 그리고 그분이 말한 것을 천사들이 설명했지만 - 그러면 당신은 천사가 사랑하는 나에게 보다 분명하고, 그리하여 보다 사랑할 만한 명상을 계시해 줄 수 있을 것이다.

천사들에 대한 전통적인 숫자는 무엇을 의미하는가?

 나는 우리가 또한 천사들의 수가 천의 천 배나 되고 만의 만 배나 된다고 기록된 성경의 전승들을 생각해 보아야 한다고 생각한다(단 7:10; 계 5:11). 엄청나게 큰 이러한 숫자들은 스스로를 제곱하고 증대시키는데, 그것은 천상의 존재들로 구성된 계층이 셀 수 없이 많다라는 점을 분명히 보여준다. 초월적인 영적 존재들로 이루어진 축복 받은 무리들은 실로 수많아서, 그들은 우리들의 물리적 숫자들이 갖는 덧없고 제한된 영역을 능가한다. 다만 초월적이고 천상적인 존재의 유형들에 대한 개념과 이해는 사실 전능하신 지혜의 창조자시며 신성이신 분의 축복된 선물인데, 그 개념과 이해로 천사들을 알 수 있고, 규정할 수 있다. 이것 때문에 참된 삼위일체 하나님이 초월적으로 모든 것의 근원이다. 그분은 존재를 부여하는 근원이다. 그분은 모든 존재들을 함께 유지하는 능력이고, 모든 존재들을 포괄하는 목적이다.

천사에 대한 다양한 묘사들

 천상의 능력들이 형성하고 있는 이미지들은 무엇인가? 불꽃과 같은 속성, 인간적인 형상, 눈들, 콧구멍들, 귀들, 입, 접촉하는 감각, 눈꺼풀들, 눈썹들, 이마들, 손가락들, 치아들, 어깨들, 팔꿈치들과 손들, 마음, 가슴, 등, 발들, 날개들, 벌거벗음, 의복들, 밝은 옷, 성직자들의 옷, 벨트들, 권위의 홀들, 창들, 도끼들, 다림줄들, 바람들, 구름들, 금관악기, 전자, 합창들, 박수, 다양한 색상의 돌들, 사자와 황소, 그리고 독수리의 형상, 말들, 말들의 색상들에 있어서의 차이들, 강들, 마차들, 바퀴들, 이전에 언급된 천사들의 기쁨.

 1. 그래서 이제 당신이 원한다면, 우리 영의 눈이 천사들에

게 적합한 명상의 고독한 높이에 도달하기 위해 애쓰는 노력을 완화시키려고 한다. 우리는 구분과 다수성의 영역에로, 천사들에 의해 채택된 많은 다채로운 형태들과 모습들로 내려와야만 한다. 그러고서 다시 한번 우리는 이러한 이미지들로부터 벗어날 것이고, 그리고 다시 되짚어서 천상의 영들이 지닌 단순성에로 솟아오를 것이다.

그러나 시작함에 있어 이 정도는 기억하라. 성스러운 이미지에 대한 설명들은 동일한 계층에 속한 천상의 존재들이 때로는 성스러운 것들 안에서 지도하며, 때로는 그들 자신도 지휘를 받는다는 것을 보여준다. 이러한 설명은 또한 마지막 계층에 속한 존재들도 지도하며, 첫 번째 계층들에 속한 존재들도 지휘를 받는다는 것을 의미한다. 그리고 내가 이미 말했듯이, 그 설명은 천상의 모든 존재들은 보다 상층의, 중간적인, 또는 종속적인 능력들을 가지고 있다는 것을 보여준다. 이러한 설명 양태는 천상의 존재들에 관해 어떤 어리석은 것도 가지고 있지 않다. 그러나 우리는 어리석은 혼합이나 혼동이 될 만한 주장들을 피해야 한다. 예를 들어 각각의 계층들이 성스러운 것들에 관해 그들의 상층부에 의해서 배타적으로 지도되고, 동시에 그 후자들 스스로가 전자들에 의해 지도된다거나, 또는 다시 상층의 존재들이 보다 열등한 존재들을 지도하고, 차례로 그 상층의 존재들이 그들이 지도했던 바로 그 존재들에 의해 지도된다고 하는 것은 어리석은 생각이다. 동일한 존재들이 지도하고, 그리고 지도받기도 한다고 말할 때, 그것은 지도하는 존재가 그가 지도했던 존재에 의해 지도된다는 것을 의미하지 않는다. 내가 말하고자 하는 것은 각각의 계층이 성스러운 사건들 안에서 그에 선행하는 자들에 의해 지도되고, 그리고 그들은 그들 뒤에 따라오는 자들을 지도한다는 것이다. 그러므로 성경에 의해 묘사된 거룩한 형태들이 때로는 상층부의 능력들에게, 때로는 중간자들에게, 그리고 때로는 하층부에 있는 자들에게 적절하고 올바르게 기인할 수 있다고 선언하는 것에 관해서는 이상할 것이 아무 것도 없다. 영원한 회귀 운동 안에서 위를 향해 올려지는 능력, 자기 자신의 특별한 능력들을 여전히 의지하고 있으면서도 반드시 스스로를 되돌아보는 능력, 그리고 계속해서 보다 낮은 질서들과 공유하는 과정 속에서 섭리의 힘을 공유하는 능력은 확실히 모든 천상의 존재들에게 전형적인 것이다. 그런데 내가 자주 언급했듯이, 어떤 부류에 있어서는 초월적이고 완벽한 방식으로 전형적이고, 또 다른 부류에 있어서는 부분적이고 열등한 방식으로 전형적인 것이다.

2. 이제 논의되어야만 하는 문제가 있는데, 이에 있어 우리의 설명은 왜 하나님의 말씀이 다른 모든 것보다 불에 대한 묘사에 가치를 두는 것처럼 보이는지에 대한 물음과 함께 시작되어야 한다. 여러분은 하나님의 말씀이 불타오르는 바퀴들뿐만 아니라(단 7:9), 또한 불타는 동물들(겔 1:13; 왕하 2:11)과 심지어 웬일인지 타오르고 있는 사람들(마 28:3; 눅 24:4; 겔 1:4-7; 단 10:1)을 묘사하고 있다는 것을 발견하게 될 것이다. 성경에는 이러한 천상의 존재들 주위에 불붙여진 불씨 덩어리들(겔 1:13, 10:2), 그리고 끝없는 불과 함께 포효하는 강물들(단 7:10; 계 4:5)이 나타나 있다. 성경은 활활 타오르는 듯한 권좌들에 대하여 말하고(단 7:9), 세라핌이라는 말의 어원에 호소하면서 그들을 불타고 있는 것으로 묘사하고, 불이 지닌 속성들과 활동의 속성을 그들에게 돌린다. 일반적으로 위계 질서 안에서 높은 계층이나 낮은 계층에 대한 언급이 이루어질 때, 하나님의 말씀은 항상 불에 대한 묘사에 가치를 둔다. 그리고 참으로 나에게 불에 대한 이러한 이미지는 하늘의

영적인 존재들이 흡사 신과 같다는 것을 가장 잘 보여주는 것처럼 보인다.

실제로 이것이 왜 경건한 선지자들이 초월적이고 형태가 없는 존재를 종종 타오르는 불꽃으로 묘사하는가에 대한 이유이다(신 4:24). 그것은 가시적인 것들로부터 나온 이미지로서 만약 그렇게 말할 수 있다면, 신성이 지닌 많은 특징들을 반영한다. 결국 가시적인 불은 말하자면, 그것은 모든 것 안에 있다. 그것은 희석되지 않은 채 모든 것을 통과하며, 그럼에도 불구하고 그것들을 넘어 계속해서 완벽하게 존재한다. 그것은 모든 것을 빛나게 하는 동시에 감추어진 채 남아 있다. 불은 그 자체로 감지되지 않고, 오직 물질에서 그 자신이 일을 함으로써만 명백하게 드러난다. 그것은 멈출 수 없는 것이다. 그것은 보여질 수 없는 것이다. 그럼에도 불구하고 그것은 모든 것의 주관자이다. 그것이 어디에 있든지 간에 그것은 그 자신의 활동을 향해 사물들을 변화시킨다. 그분은 가까이 접근하는 모든 자에게 그 자신을 내어준다. 온화한 따뜻함으로 다시 태어나게 한다. 그것은 드러나는 깨우쳐짐으로 비추임을 부여하고, 계속해서 순수하고 희석되지 않은 상태로 남아 있다. 그것은 구별짓지만, 그럼에도 불구하고 변화하지 않는다. 그것은 솟아나고, 그리고 깊이 관통한다. 그것은 존귀하게 되며, 결코 영락하지 않는다. 불은 영원히 활동하고 있으면서 자신과 다른 존재들을 뒤흔든다. 그것은 모든 방향으로 퍼지되, 그 어느 곳에도 가두어지지 않는다. 그것은 그 어떤 것도 필요로 하지 않는다. 그것은 보이지 않은 채로 퍼져 나가고, 그리고 그것이 받아들여지는 곳 어디서나 그 위대함을 보여준다. 불은 역동적이며, 강력하고, 모든 것 안에서 보이지 않게 존재한다. 만약 간과한다면, 그것은 거기에 존재하지 않는 것처럼 보인다. 그러나 마찰이 발생하면 그것은 그 무엇인가를 찾아낼 것이다. 그 결과 그것은 갑자기, 자연적으로, 그리고 저절로 나타날 것이며, 곧 저항할 수 없이 솟아나고, 스스로 그 어떤 것도 잃지 않은 채 모든 것과 기쁨에 넘쳐 교제할 것이다.

우리는 인식된 사물들로부터 유추된 이미지들과 같이 신성의 활동들에 적용될 수 있는 불이 갖는 다른 많은 속성들을 발견할 수 있다. 그리고 성스러운 사물들에 대한 감별가들은 천상의 존재들을 불꽃과 같은 것으로 묘사함으로서 불꽃에 대한 그들의 이해를 드러내었다. 그들은 그러한 방법으로 이러한 것들이 신성에 얼마나 가깝게 닮아 있는지를 보여주고 있으며, 그리고 그들이 가능한 한 얼마나 많이 하나님의 모방자들이 되는지를 보여준다.

3. 그러나 그들은 또한 그 존재들을 인간의 영역에서 끌어낸 형태들을 가지고 묘사한다(단 10:5-6; 겔 1:5-10; 막 16:5; 눅 24:4; 계 4:7, 10:1). 왜냐하면 결국 인간에게 영적이며 보다 높은 존재들을 바라다볼 수 있는 능력이 있기 때문이다. 인간은 본래 건실하고 올곧은 지도자이며, 통치자이다. 그리고 비이성적인 동물들과 비교할 때 감각 인식 능력의 범주 안에서는 가장 뒤진다고 하더라도, 지성이라는 보다 상층부의 능력을 가지고, 영적 이해로부터 유래하는 탁월함을 가지고, 그리고 영의 타고난 자유와 독립성을 가지고 모두를 다스리는 존재가 바로 인간이다.

나는 또한 인간 신체의 많은 부분들 하나 하나가 천상적 능력들에게 상당히 적절한 이미지들을 제공해 줄 수 있다고 생각한다. 시각적 능력들(겔 1:18, 10:12; 단 10:6; 계 4:6-8)은 하나님의 빛들을 향해 직접적으로 응시할 수 있고, 그리고 동시에 고요하고 분명하게, 저항이 없으나, 유연하게, 정결하게, 그리고 개방적이나 여전히 감정과

무관하게 신으로부터 오는 계몽들을 받아들일 수 있는 능력을 시사한다고 말할 수 있다. 냄새들을 식별할 수 있는 능력들(토빗서 6:17, 8:3)은 이해되지 않는 향기들을 온전하게 받아들이고, 그리고 철저하게 회피되어야만 하는 반대되는 것들을 지각 있게 분별할 수 있는 능력을 나타낸다. 청각적 능력(시 103:20)은 거룩한 영감을 식별하는 역할을 갖는 능력을 의미한다. 미각(창 18:1-18, 19:3)은 개념적인 자양분으로 가득찬 것, 그리고 신적이고 자양분이 풍부한 흐름에 대한 그들의 감수성과 관계가 있다. 촉각(창 32:35)은 해로운 것으로부터 유익한 것을 구별하는 법을 아는 것이다. 눈꺼풀들과 눈썹들은 영혼이 하나님에 대하여 주목해 보았던 것을 보호하는 것을 의미한다. 청소년과 젊음(막 16:5)은 살아 있는 힘이 갖는 영원한 생기를 나타낸다. 치아들은 자양분이 풍부한 완전함을 받아들이는 데 있어 분배하는 기술과 관계가 있다. 왜냐하면 모든 영적인 존재는 보다 거룩한 존재로부터 통합된 개념이라는 선물을 받아들이면서, 동시에 보다 낮은 존재들이 가능한 멀리까지 고양될 수 있도록 하기 위해 계속해서 그 선물을 나누고, 또한 그것을 분배하기 위한 준비를 하기 때문이다. 어깨들, 팔들(단 10:6, 삼하 24:16), 그리고 손들(삿 6:21; 시 91:12; 마 4:6; 겔 1:8, 10:8, 21; 단10:10, 12; 계 10:5)은 활동하고 성취하는 것을 의미한다. 심장은 자신이 돌보고 있는 자들에게 생명을 부여하는 힘을 자비롭게 나누어 주면서 하나님께 순응하면서 사는 삶을 상징한다. 가슴은 심장 아래쪽에서 흘러나오는 생명력을 지켜주는 굴하지 않는 미덕을 의미한다. 등(겔 1:18, 10:12)은 생명을 주는 모든 힘들을 결합시키는 것을 상징한다. 발들(사 6:2; 겔 1:7; 단 10:5; 계 10:1)은 거룩한 존재들을 향한 영속적인 여정에 있어서의 민첩한 움직임과 속도이다. 그러므로 하나님의 말씀은 영적인 존재들의 발에 날개들을 만들었다(사 6:2; 겔 1:6, 22, 10:5-16). 왜냐하면 날개들은 그들의 들어올리는 신속함과, 하늘로의 오름, 그리고 영원히 위를 향하는 여정, 즉 영속적으로 위로 밀어올리는 힘이 모든 지상적 갈망을 넘어 솟아오르는 그러한 여행을 의미하기 때문이다. 날개들의 가벼움은 모든 세속적인 유혹으로부터의 자유와 정상을 향한 순결하고 제한 받지 않는 들어 올림을 상징한다. 벌거벗은 발과 몸(창 18:4, 19:2; 사 20:2-4)은 초연함, 자유, 독립, 외적인 어떤 것에 의해서도 빛이 바래지 않는 존재라는 사실, 신적인 단순성에 대한 최대의 순응을 나타낸다.

4. 단순하지만 여전히 "여러 겹으로 된 지혜"(엡 3:10)는 벌거벗은 자에게 옷을 입히고, 그리고 그들이 어떻게 입혀졌는지에 대하여 말한다. 그래서 나는 성스로운 의복들과 하늘의 영적인 존재들로부터 기인된 성스로운 도구들에 대한 설명을 제공하도록 노력해야만 한다. 나는 빛나고 불꽃처럼 타는 듯한 옷은 신적인 형태를 상징한다고 생각한다(계 9:17, 15:6; 마 28:3; 막 16:5; 요 20:12; 행 1:10; 계 4:4). 이것은 불의 이미지와 일치한다. 그리고 조명하는 능력은 빛의 거주지인 하늘로부터 상속받은 결과이다. 그것은 모든 것들이 마음 안에서 비추어지도록 만들고, 그리고 그 자체가 마음 안에서 비추어진다.

사제들이 입는 의복은 거룩하고 신비한 광경을 향해 영적인 방법으로 인도하는 능력, 그리고 자신의 전체적인 삶을 성화하는 능력을 의미한다. 그리고 허리에 매는 띠들(겔 9:2; 계 15:6)은 이 영적 존재들이 생식적 능력들 위에 행사하는 통제를 나타낸다. 그것들은 또한 모아들이는 행위, 통합하는 흡수력, 그리고 지치지 않고 그들 자신의 주변을 선회하는 조화로운 평정을 의미한다.

5. 손에 쥔 홀들(삿 6:21)은 모든 것을 성취하도록 지도

하는 왕적인 능력과 주권을 나타낸다. 창들과 도끼들(겔 9:22; 창 3:24; 민 22:23; 수 5:13; 대상 21:15; 계 19:21, 20:1)은 사물들의 비유사성 가운데서 구별하는 기술들, 즉 그들의 분별하는 능력들이 갖는 날카로운 명료성과 효과를 나타낸다. 기하학적이고 건축학적인 장비(겔 40:3; 암 7:7; 슥 2:1; 계 21:15)는 세우고, 짓고, 그리고 완성시키는 그들의 활동과 관계가 있다. 사실 그것들은 종속된 존재들을 고양시키고 되돌리는 섭리와 연결된 모든 것과 관계가 있다.

때로 성스러운 천사들을 묘사하는 도구들(계 8:6, 14:14-17, 20:1)은 우리들에 관한 하나님의 심판들을 상징적으로 나타내는데, 어떤 것은 바르게 하는 훈련과 징계하는 의를 나타내고, 어떤 것은 위험으로부터 자유와 훈련의 완성, 이전의 행복으로의 회귀, 또는 크든 작든 간에 새로운 재능들의 선물, 즉 가시적인 혹은 영적인 것에 관한 선물들을 상징한다. 요약하자면, 지각이 있는 영혼은 가시적인 표지들과 그리고 비가시적인 실재 사이의 상호관계를 발견하는 것이 그리 어렵지 않다는 것이다.

6. 그 존재들은 또한 실제로 순간적인 속도라는 표지로서 "바람들"(시 104:4; 히 1:7; 시 18:10; 단 7:2)이라는 이름

으로 불리는데, 그들은 그런 속도를 가지고 모든 곳에서 일한다. 즉, 그들이 그들의 종속적인 존재들을 가장 높은 경지로 끌어올리려고 할 때, 그리고 보다 아래 있는 존재들과의 친교 속으로 나아가도록, 또는 그런 존재들을 돌보도록 그들의 상급자들을 납득시킬 때, 그들은 그런 속도로 위에서부터 아래로, 또한 다시 아래에서부터 위로 오고 가는 것이다. 우리는 또 '바람'이라는 말이 대기의 영을 의미하며, 그리고 그 말이 그러한 거룩하고 영적인 존재들이 어떻게 하나님에게 순응하며 사는가를 보여준다고 덧붙일 수 있다. 그 말은 이미지이고 신성의 활동에 대한 하나의 상징이다. 그것은 서둘러 앞을 향하면서 직접적으로 그리고 무제한적으로 자연스럽게 움직이며 생명을 주는데, 이런 것은 우리에게 알려지지 않고 또한 보이지 않는 것, 즉 근원들이 지닌 은폐성과 그 움직임들의 목표로 인한 것이다. "그것이 어디에서 오며 어디로 가는지 너는 알지 못한다"(요 3:8)라고 성경은 말한다. 이것은 모두 내가 《상징적 신학 The Symbolic Theology》(분실되었거나 가공의 책을 의미)에서 네 가지 요소들을 설명했을 때 보다 구체적으로 다루었다.

하나님의 말씀은 그 존재들을 또한 "구름"들로 표현

한다(겔 1:4, 10:3; 계 10:1). 이것은 거룩하고 영적인 존재들이 초월적인 방법에 의해 숨겨진 빛으로 채워졌다는 것을 보여준다. 직접적으로 그리고 오만함이 없이 그들은 먼저 이 빛을 받아들여 왔고, 그리고 중개자들로서 그것을 가능한 한 멀리 그들 다음에 오는 자들에게 관대하게 전달해 왔다. 그들은 생식적인 힘, 생명을 주는 힘, 즉 증가시키고 완성하게 하는 능력을 가지고 있는데, 왜냐하면 그들은 이해를 비처럼 쏟아 붓고, 그리고 살아있는 물결을 탄생시키기 위해 그러한 이해를 받아들이는 가슴을 불러모으기 때문이다.

7. 더욱이 하나님의 말씀은 천상의 존재들에게 청동, 호박금, 다양한 색상을 가진 돌들의 형태를 부여하는데, 그렇게 하는 이유는 호박금, 즉 금과 은(겔 1:7, 40:3; 단 10:6)을 포함하고 있는 호박금(겔 1:4, 27, 8:2)이 은이 가지고 있는 번득임, 광택, 광휘, 그리고 천상적 빛뿐만 아니라, 금이 가지고 있는 부패하지 않음, 귀중함, 무한함, 또한 더럽혀지지 않는 광채를 상징한다는 점에 있다. 청동에 관해서는, 주어진 이유로 미루어 볼 때, 그것은 불이나 금을 생각나게 한다. 다양한 색상을 가진 돌들(계 4:3, 21:19-

21)에 관해서는, 다음과 같이 상징적으로 작용하는 것으로 간주되어야 한다: 하얀색은 빛을, 붉은색은 불을, 노랑색은 금을, 녹색은 젊은 생명력을 상징한다.

참으로 여러분은 각각의 형태가 대표적인 이미지들이 갖는 고양시키는 설명을 가지고 있음을 발견하게 될 것이다. 그러나 내가 이 문제와 관련해서 할 수 있는 만큼 많이 다루었다고 생각하기 때문에, 나는 우리가 이제 성경에 나타난 하늘의 영적 존재들에게로 귀인되는 동물적 형상들에 대한 성스러운 설명을 해야 한다고 느낀다.

8. 사자의 형태를 생각해 보자(겔 1:10). 그것은 그들의 강력한 굴하지 않는 명령을 나타내는 것으로 받아들여져야 한다. 그리고 천상의 존재들은 그들 자신의 영적 능력들이 남긴 흔적들을 가림으로써, 그들이 할 수 있는 한 말할 수 없는 신성의 은폐성과 비슷하게 보인다. 그들은 겸손하고 신비적인 방법으로 거룩한 계몽이라는 위를 향한 여정에 베일을 친다.

황소(겔 1:10)라는 형태는 힘, 세력, 그리고 하늘의 비옥한 비가 내릴 지식의 밭고랑들을 깊이 갈 능력을 상징적으로 나타낸다. 뿔들은 보호하는, 그리고 불굴의 힘을 나타내는 표시이다.

독수리는 법률적인 힘, 정상으로의 박차, 재빠른 날개, 자양분이 되는 음식을 찾아내는 민첩성, 준비성, 속도, 기지와 자유롭고 직접적인, 그리고 확고한 시각적인 힘을 가진 견고한 상승 안에서 거룩한 태양의 자비롭고 풍성한 빛들을 향하여 올려지는 명상을 나타낸다.

말들은 복종과 유순함을 의미한다. 하얀색 말은 하나님의 빛과 그들의 근사성을 나타내는 섬광이다. 파란색 말은 은폐성의 상징이고, 빨강색은 불의 힘과 휘몰아침을 의미한다. 얼룩말은 반대되는 극단들이 연합되는 것을, 한 곳으로부터 다른 곳으로 움직이는 능력을, 그리고 되돌아감과 섭리로부터 오는 하층의 존재에서 상층의 존재로의 적응성과, 상층의 존재에서 하층의 존재로의 적응성을 나타낸다.

나의 담론 속에서 적절한 균형감각을 유지할 필요가 없다면, 나는 내가 앞서 언급한 동물들의 각각의 부분들과 그 물리적인 세부에 대해 성찰할 수 있었을 것이다. 우리는 비유사적 유사성들이라는 측면에서 정당하게 그것들을 하늘의 능력들에 적용해 볼 수 있을 것이다. 그들의 분노는 영적인 용감성을 나타내는 이미지이다. 그런 이미지 중에서 화를 내는 것은 가장 동떨어진 반향이라고 하겠다. 그것들의 욕망은 하나님의 임재 앞에서 천사들이 느끼는 열망이다. 논지를 간략하게 요약하자면, 모든 느낌과 비이성적인 동물들이 지니는 모든 다양한 부분들은 우리를 비물질적인 개념과 천상의 존재들이 갖는 통합시키는 능력에로 고양시킨다.

이러한 것들은 지혜로운 이들에게 충분할 뿐만 아니라, 어울리지 않는 이미지에 대한 설명은 비교할 만한 존재들이 갖는 동일한 방식의 해석들에도 적합하다.

9. 이제 나는 천상의 존재들에 강들, 바퀴들, 병거들이라는 명칭을 적용하는 이유를 찾아야만 한다. 불의 강들은 영원토록 자비롭고 제어 받지 않는 흐름을 나누어 주는, 생명을 주는 비옥함으로 모든 것을 살리는 거룩한 수로들을 의미한다. 병거들은 동일한 계층에 속해 있는 존재들을 결합시키는 교제를 의미한다. 그리고 비틀리거나 벗어나지도 않으면서 앞으로 나아가는 날개를 가진 바퀴들로 말하자면, 이것들은 곧은 길을 따라 곧장 길을 잃지 않으면서도 바르게 유지해 가는 능력과 관련이 있다. 왜냐하면 영혼의 바퀴는 그 안에 이 세상에 속한 것은 아무

것도 갖지 않은 방법으로 인도되고 있기 때문이다. 그러나 영혼의 바퀴가 가지는 또 다른 고양에 의해 [감각적인 이미지로부터 영적인 의미들로의 영의 들어올림] 설명하는 것이 가능하다. 왜냐하면 그 선지자가 지적했듯이 그것들은 '겔겔'Gelgel(겔 10:13)이라 불리는데, 히브리어로 그것은 '돌고 있는'과 '계시하는'을 함께 의미하기 때문이다. 그러한 신의 형상을 가진 불의 바퀴들은 절대선을 중심으로 쉬임없이 움직이면서 그들 주변을 "돈다". 또한 그들은 숨겨진 것들을 드러내 주고, 영을 아래로부터 위로 올려 주고, 그리고 가장 고양된 계몽들을 가장 낮은 존재들에게까지 전해 주기 때문에 그들은 "계시한다".

마지막으로, 나는 성경이 천상의 계층들이 누리는 즐거움을 언급하면서 의도하는 것에 관해 무엇인가를 설명해야만 한다. 사실 이러한 계층은 우리가 욕망에서 끄집어 내는 쾌락들을 결코 경험할 수 없다. 그러므로 그러한 언급은 그들이 잃어버린 자를 찾는 데서 생기는 거룩한 신적인 즐거움에 참여하는 것을 의도한다. 그들은 행복에 대한 참으로 거룩한 감각, 하나님에게로 돌아가는 자들이 느끼는 구원과 섭리에 있어서 선하고 자비로운 기쁨을 경험한다. 그들은 실로 표현할 수 없을 정도로 행복

한데, 이는 마치 때로 하나님이 경건한 사람들을 방문하기 위해 거룩한 계몽을 예비할 때, 경건한 자들이 느끼는 행복의 양상과도 같다.

그러므로 이것이 바로 성스러운 표상들에 관해 내가 말해야만 하는 것이다. 아마도 그것이 모든 것을 분명하게 하는 데는 턱없이 부족할 것이다. 그럼에도 불구하고 나는 그것이 우리를 허구적인 외형들 안에 고착된 비참함으로부터 지켜줄 것이라고 믿는다. 아마 내가 천사들에 관해 성경에 기록된 모든 능력들, 모든 행동들, 그리고 모든 이미지들을 언급하지 않았다는 것이 반박을 받을는지도 모른다. 그것은 사실이다. 그러나 어떤 것들을 남겨 두었다는 것은 초월적인 실재들을 이해함에 있어서 내가 다 말할 수 없다는 사실에 대한 인식이다. 내가 진정으로 필요로 했던 것은 이러한 것들에게로 인도할 수 있는 빛이었다. 내가 지금까지 다루어온 그것들과 비슷한 내용들을 생략한 것은 아마도 나의 담론을 과도하게 확대하지 않으려고 의도하였고, 또한 나를 넘어서 존재하는 은폐된 것들을 존경스러운 침묵을 통해 영광스럽게 하고자 했던 내가 가진 이중적 관심에 의해 설명될 수 있을 것이다.

주요개념/Key Concepts

빛

'빛'은 하나님을 나타내는 상징적인 단어다. 빛은 따뜻함과 열을 발산하고, 만물을 소생시키고, 그리고 생명을 부여한다. 어떤 존재가 빛을 더 강하게 느낄수록, 하나님과 더 가깝게 있다는 것을 의미한다. 근원과 원인을 의미하는 빛은 광선을 통해 하나님의 은사와 선물을 전달해 준다.

발현processio/전개

한 분 하나님에서 시작하여 세상과 인간과 자연의 탄생과 발전과정을 설명하는 신학적인 개념으로 '전개'라는 단어로 번역되기도 한다. 조직신학적 차원에서 발현과정은 신론, 창조론, 타락론, 인간론 등을 다룬다. 회귀의 개념과 함께 창조에서 종말에 이르는 하나의 신학적 틀을 구성한다.

회귀 reditus

인간의 회개와 그리스도의 구속이라는 전환점을 맞아 다시 일자一者이고 근원인 하나님에게 되돌아 가는 과정을 뜻한다. 조직신학 개념으로 회귀는 구속론, 종말론, 재림론 등을 포괄한다.

남아 있음

하나님은 자신으로부터 넘쳐 흐르는 빛과 사랑을 천상과 지상의 존재에게 전해 주면서도, 스스로는 항상 충만한 상태로 원래의 자리에 남아 있다는 것을 뜻한다. 신-플라톤주의의 유출론을 연상시키는 이 개념은 하나님이 인간 세상에 개입하지만, 또한 온전한 상태로 원래의 자신의 자리인 천상에 남아 있음을 의미한다.

주요개념 • 131

하나됨과 단순성

발현의 출발점이 되고 회귀의 종착점이 되는 하나님은 늘 단순한 상태로 남아 있고, 통일성을 유지하신다. 하나님은 다른 어떤 것으로 분할되거나 쪼개질 수 없는 가장 단순한 존재이며, 또한 모든 존재의 근원이 된다. 인간과 세계의 구속은 종종 하나되어 가는 과정으로 묘사된다. 하나님은 이런 의미에서 항상 '단순한 통일성'을 이루고 있다.

다양성 多數成/다수성

자연과 세계의 전개를 의미하는 발현의 속성을 가장 잘 설명해 주는 개념이다. 창조와 세계의 발전과정은 일자에서 다수로 다양성이 증대되는 것이다. 이런 의미에서 다양성은 위에서 논한 하나됨이나 단순성과는 반대되는 개념이다.

위계

'hieros'와 'arche'가 결합된 단어로 가장 중요한 근원, 혹은 거룩한 제사장을 의미하는 단어에서 출발했다. 위계는 "거룩한 질서, 신적인 것에 가능한 한 가깝게 접근하는 행위이며 이해의 상태"를 뜻한다. 천상과 지상의 존재들이 위치한 계층을 의미하며, 동시에 신과 만물 사이의 관계와 소통을 설명하는 중심 단어이다.

들어 올림anagogy/고양

증가되는 다양성의 과정을 멈추고 근원인 하나님에게 돌아가는 회귀의 양태를 설명하는 개념이다. 인간이 구원을 받는 것, 즉 하나님에게 돌아간다는 것은 우리의 존재가 들어 올려지는 것을 뜻한다.

정화

 정화-조명-완전함이라는 3단계는 실천적인 수도생활의 발전단계와 인간이 신에게 돌아가는 회귀과정을 신학적으로 설명한다. 정화는 세상적인 불결함과 죄악으로 가득 찬 마음을 우선 깨끗하게 하는 것, 즉 죄에서 벗어나는 것을 의미한다.

조명

 정화에 의해 깨끗하게 비어 있는 마음이 하나님이 발산하는 빛의 광선을 받아들여 마음과 영혼의 내부를 밝게 하는 것을 의미한다. 때문에 조명은 종종 비추어 주는 것이나 계몽시켜 주는 것과도 연결되어 있다.

완전함

정화와 조명의 단계를 거쳐 영혼은 최종적으로 완전하게 될 수 있다. 완전함이란 가능한 한 하나님에게 가깝게 있음을 의미하고, 모든 불결함을 완전히 벗어버리고, 영광스러운 빛으로 가득 찬 상태를 뜻한다.

은폐성과 상징

하나님은 근본적으로 우리의 인식 한계를 넘어선 분이기 때문에 직접적으로 명확하게 설명될 수 없다. 하나님과 천상의 존재들은 종종 베일에 가려져 있거나, 감추어져 있거나, 은폐되어 있다. 거룩하고 눈부신 빛인 하나님은 상징과 시적인 이미지를 통해서 은유적으로 드러난다.

부정신학

디오니시우스가 발전시킨 핵심적 신학개념으로 하나님은 인간의 언어나 이성으로 설명될 수 없는 분이기 때문에 종종 부정적인 표현을 사용하여 그분의 속성을 파악하게 하는 신학적 이해의 틀이다. 여기서 부정은 하나님의 존재나 속성을 진정으로 부정하기 위해서라기보다는 이를 통해 긍정적 이해를 도모하기 위한 경우가 더 많다.

긍정신학

긍정신학이란 하나님과 인간의 근본적인 차이에도 불구하고, 인간이 사용하는 개념을 통해 하나님의 속성과 성품을 이해하게 만드는 신학적 방법론이다. 예를 들어 부정신학적으로 말하면 하나님과 맹렬한 사자는 아무런 관계가 없다. 그러나 긍정신학적으로 말하면, 비록 하나님과 사자는 존재에 있어서는 어떤 유사성도 없지만 사자가 하나님의 속성인 맹렬함을 종종 보여줄 수 있는 것이다.

비유사적 유사성

천상의 존재나 지상의 존재 중에 하나님을 정확하게 설명해 낼 수 있는 것은 없다. 천상의 존재와 지상의 존재 사이에는 보다 근본적인 차이가 있기 때문이다. 그러나 이러한 비유사성에도 불구하고 유사성을 유추할 수 있다. 본성과 속성에 있어서 창조주와 피조물, 상급존재와 하급존재는 큰 차이를 갖고 있지만, 서로를 이해할 수 있을 정도의 유사성을 가지고 있다는 것이 바로 비유사적 유사성이다. 본문에서 '일치하는' 혹은 '일치하지 않는'이라는 개념도 이런 맥락에서 나온다.

입문

수도사로서 수도원에 들어가는 것처럼 특정한 종교적 단체나 가르침에 공식적으로 들어가는 것을 의미한다. 여기서는 비전적 가르침이나 상징적인 의미를 깊이 깨닫게 되었다는 것을 뜻한다. 입문은 가끔 '전수 받음'이라는 단어와 같이 사용된다.

계몽과 각성

하나님이나 천상의 존재들 중 상급자들이 하급자들을 가르치고 깨우칠 때 사용하는 단어. 계몽이란 단어는 깨우치게 만들거나 이해시키는 것을 의미한다. 계몽이나 각성은 깨달음을 통해 모든 것의 근원인 하나님을 향해 들어 올려짐을 뜻할 때 많이 사용되고, 종종 조명과 비슷한 개념으로도 사용된다.

신의 현현

인간의 인식과 이해로 파악하거나 볼 수 없는 하나님이 스스로를 신비적이거나 상징적인 방법으로 드러내는 것을 신현, 즉 하나님의 드러남이나 나타남이라고 부른다. 신은 종종 천사의 모습을 통해 나타나기도 한다.

신화

신이 인간에게 드러난 것을 신현이라 한다면, 인간이 신과 같이 되는 것을 신화라 한다. 인간은 근본적으로 신인 하나님과 같은 존재가 될 수 없지만, 하나님을 가장 가깝게 닮아가거나 거의 신의 경지에 이른 것을 신화라 한다.

초-존재 supra-esse

존재를 넘어서거나 초월한 어떤 상태를 의미한다. 상이한 계층 간에 연속성과 함께 차이를 지속적으로 강조하는 상태에서 계층 간에 차이, 하나님과 인간사이의 차이, 천상의 존재와 지상의 존재 사이의 구별과 차이를 표현할 때 사용한다.

아홉 종류의 천사

아홉천사의 명칭은 한국 가톨릭교회가 오랫동안 사용해 온 각각의 이름 뒤에 천사라는 명칭을 덧붙친 표기를 사용했다. 천사에 대한 논의를 보다 진전시킬 기회가 없었던 개신교인들이 보다 친숙하게 이해하기 위해 각 명칭에 개역 한글과 개역 개정에 나오는 명칭을 보완했다.

	개역한글	개역개정	공동번역
치품천사 seraphim	스랍	스랍	
지품천사 cherubim	그룹	그룹	거룹
좌품천사 thrones	보좌들	왕권들	왕권
권세천사 authorities	권세들	권세들	세력과 능력의 천신들
주품천사 dominions	주관들	주권들	주권과 관세의 천신
능력천사 powers	능력들	능력들	능력의 천신들
권품천사 principalities	권세자들	권세자들	권세의 천신
대천사 archangels	대천사	대천사	천사장
천사 angels	천사들		

참고문헌

1차 문헌

Corpus Dionysiacum. Vol. I, ed. Beate Regina Suchla, vol. 2 ed. Günter Heil and Adolf Martin Ritter, Berlin, 1990, New York: de Gruyter, 1991; Paulist Press, 1987.

Pseudo-Dionysius: The Compete Works, Colm Luibheid, ed., New York: Paulist Press, 1987.

Versio Dionysii, Philippe Chevalier, *Dionysiaca. Recueil donnant l'ensemble des traductions latines des ouvrages attribués au Denys de l'Aréopage*, 2Bde. Paris-Bruges, 1937–1950.

2차 문헌

김재현, "디오니시우스의 사상과 중세 기독교에 미친 그의 영향", 〈종교연구〉 36집(2004): 73-107.

김재현, "Pseudo-Dionysius의 'Remaining, Procession,

Return' 개념 연구", 〈서양중세사연구〉 13호(2004): 31–67.

A. Louth, *Denys the Areopagite* (Wilton, Conn.: Morehouse, 1989), pp. 111–129.

Froehlich, K., "Pseudo-Dionysius and the Reformation of the Sixteenth Century," *Pseudo-Dionysius: The Complete Works*, Colm Luibheid ed., New York: Paulist Press, 1987, pp. 33–46.

Hathaway, R. F., *Hierarchy and the Definition of Order in the Letters of Pseudo-Dionysius: A Study in the Form and Meaning of the Pseudo-Dionysian Writings*, The Hague: Nijhoff, 1969.

Jaehyun, Kim, "Procession and Return in John the Scot, Eriugena," Ph.D. Dissertation, Princeton Theological Seminary, 2003.

Jaroslav Pelikan, "The Odyssey of Dionysian Spirituality," Colm Luibheid ed., *Pseudo-Dionysius: The Complete Works* (New York: Paulist Press, 1987), pp. 11–32.

Jeauneau, É., "Pseudo-Dionysius, Gregory of Nyssa, and Maximus the Confessor in the Works of John Scottus Eriugena," *Carolingian Essays: Andrew W. Mellon Lectures in Early Christian Studies*, Uta-Renate Blumenthal ed., Washington, D.C.: Catholic

University of America Press, 1983.

Jeauneau, É., *Études Érigéniennes*, Paris: Etudes Augustiniennes, 1987.

Louth, A., *Denys the Areopagite*, Wilton, Conn.: Morehouse, 1989.

Louth, A., *The Origins of the Christian Mystical Tradition: From Plato to Denys*, Oxford: Clarendon, 1981, pp. 57–60.

Pelikan, J., "The Odyssey of Dionysian Spirituality," *Pseudo-Dionysius: The Complete Works*, pp. 11–32.

Rorem, P., "The Earliest Reception of the Dionysian Corpus," *John of Scythopolis and the Dionysian Corpus: Annotating the Areopagite*, New York: Oxford University Press, 1998, pp. 9–27.

Rorem, P., *Pseudo-Dionysius: A Commentary on the Texts and an Introduction to Their Influence*, New York: Oxford University Press, 1993.

기독교 영성 선집
천상의 위계

발행일 2011년 1월 4일 초판 발행
        2013년 7월 1일 2쇄 발행
발행인 김재현
저자 위 - 디오니시우스
엮은이 김재현
편집 김혜란, 이효원
표지디자인 박송화
펴낸곳 한국고등신학연구원(KIATS)
주소 서울시 종로구 명륜동 1가 101-1번지 4층
전화 02)766-2019
팩스 0505-116-2019
E-mail kiats2019@hotmail.com
ISBN 978-89-93447-30-9

* 본 출판물의 저작권은 한국고등신학연구원(KIATS)에 있습니다.
* 사전동의 없이 무단으로 복사 또는 전재하여 사용할 수 없습니다.